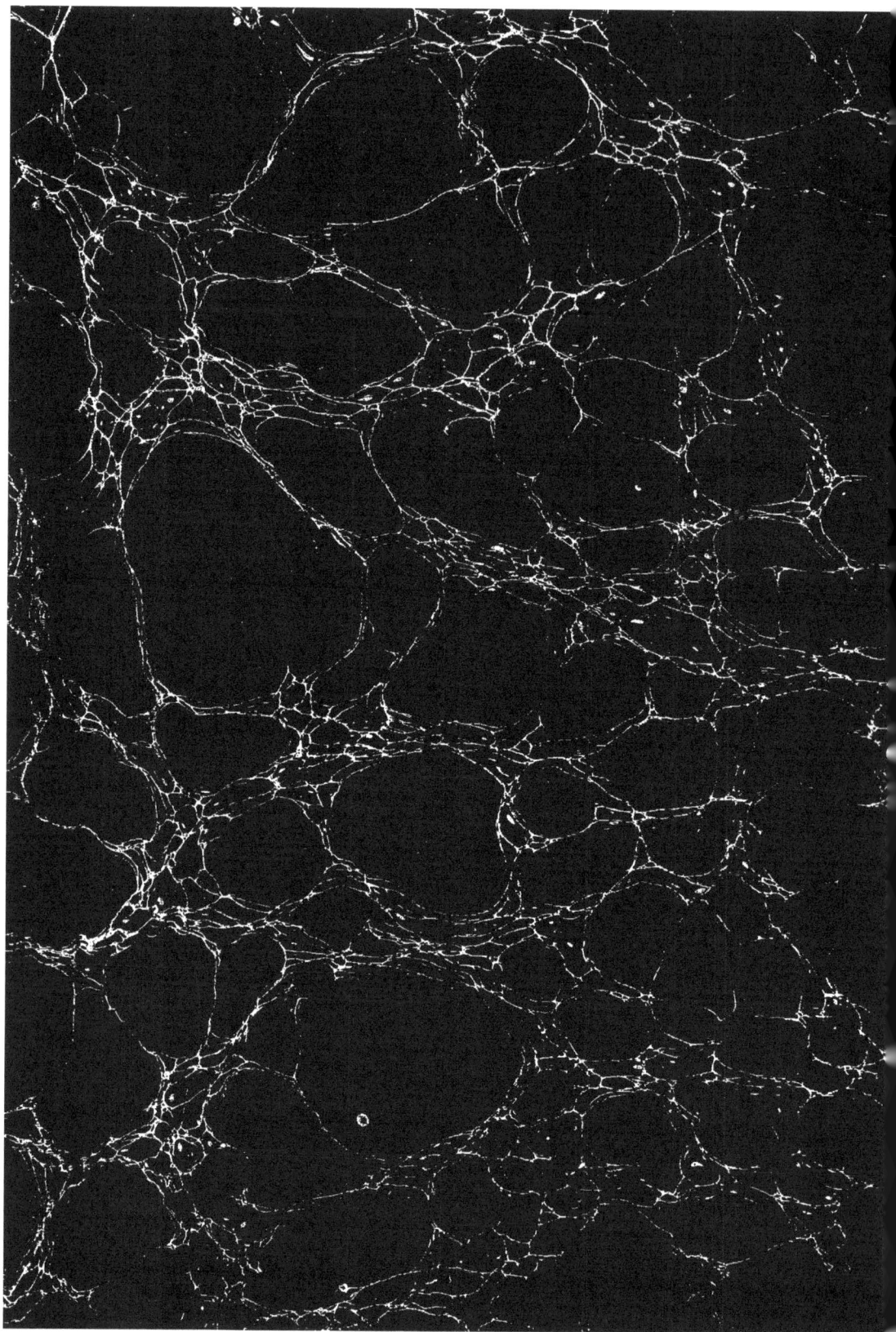

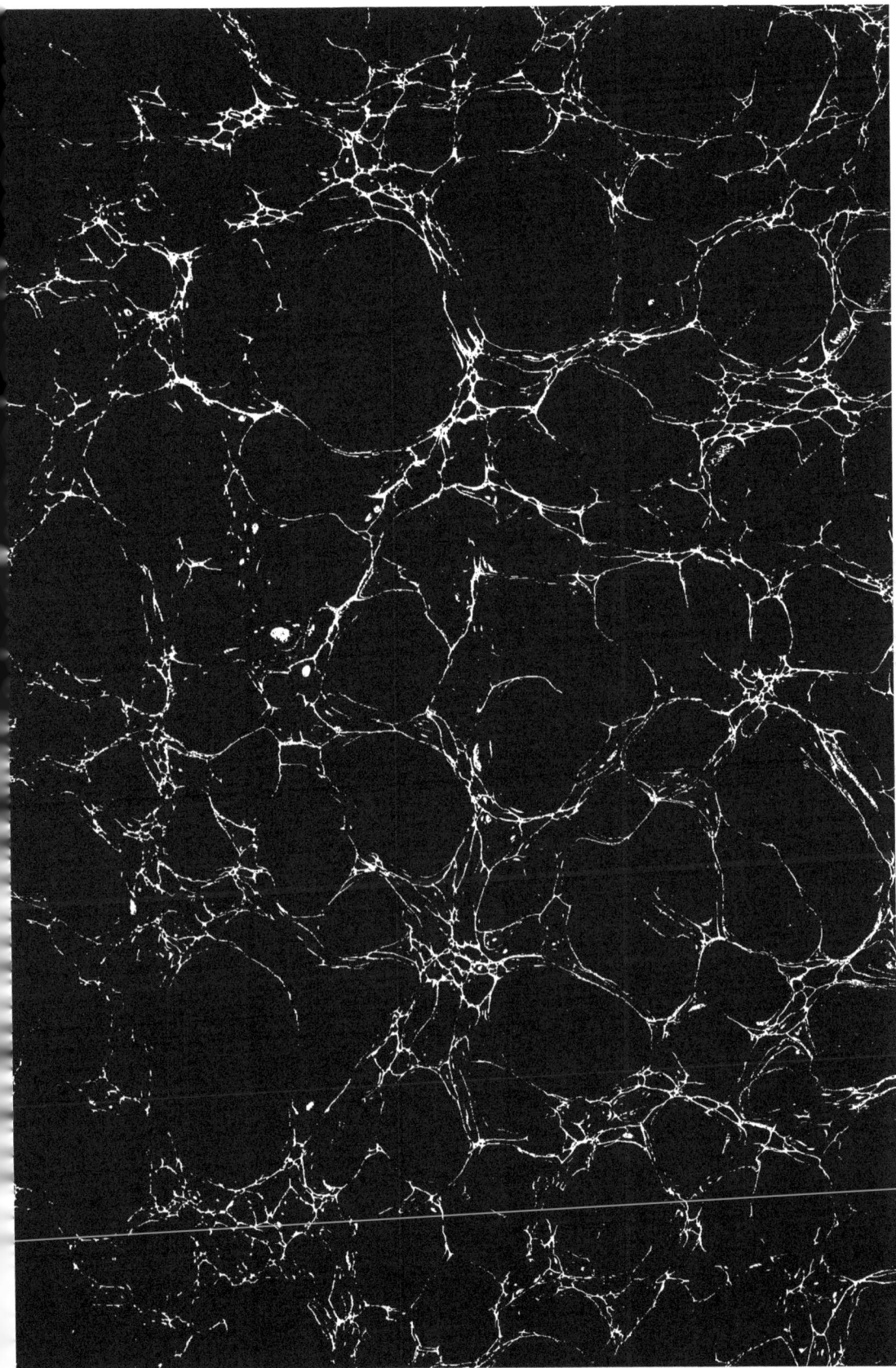

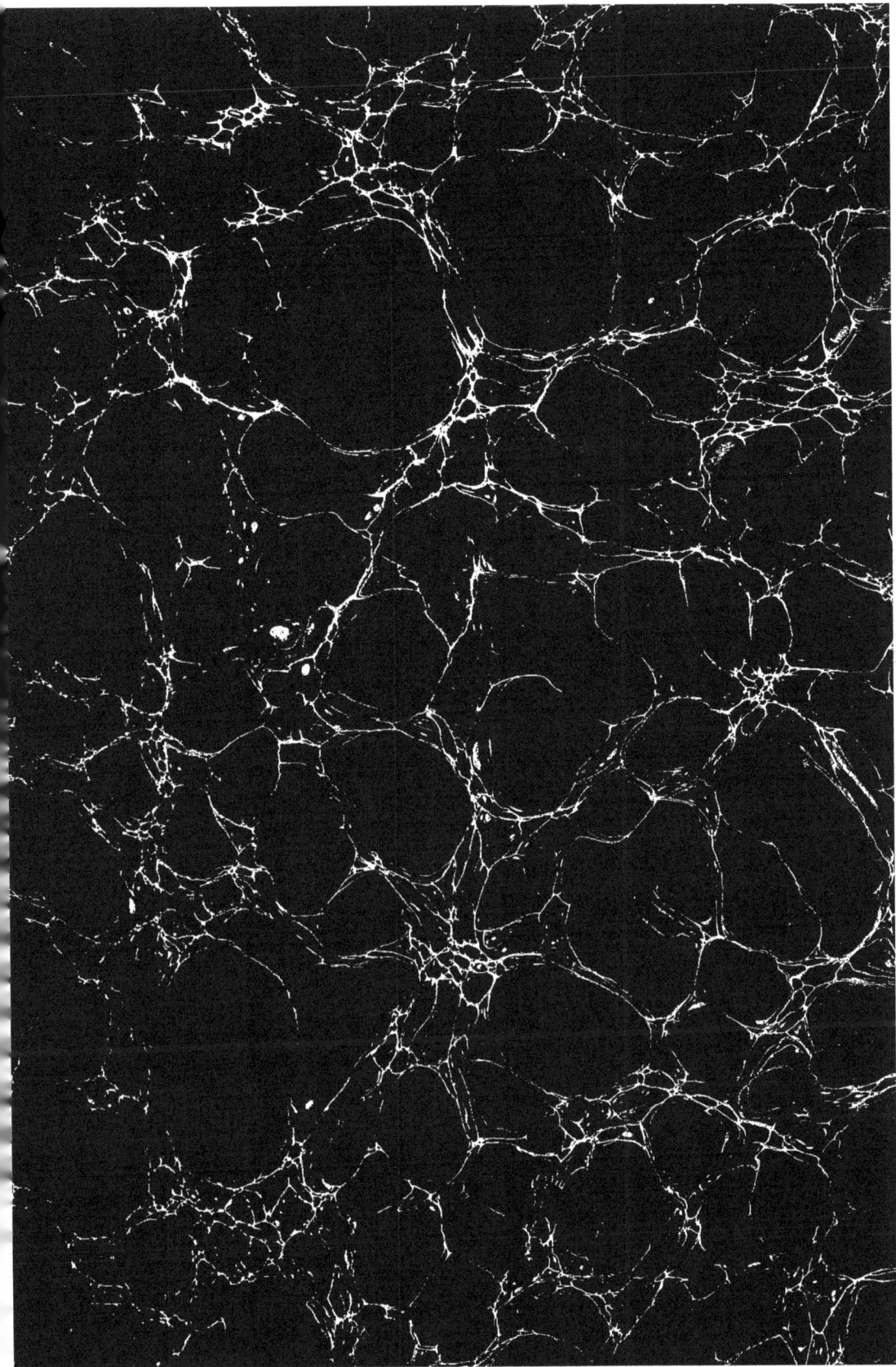

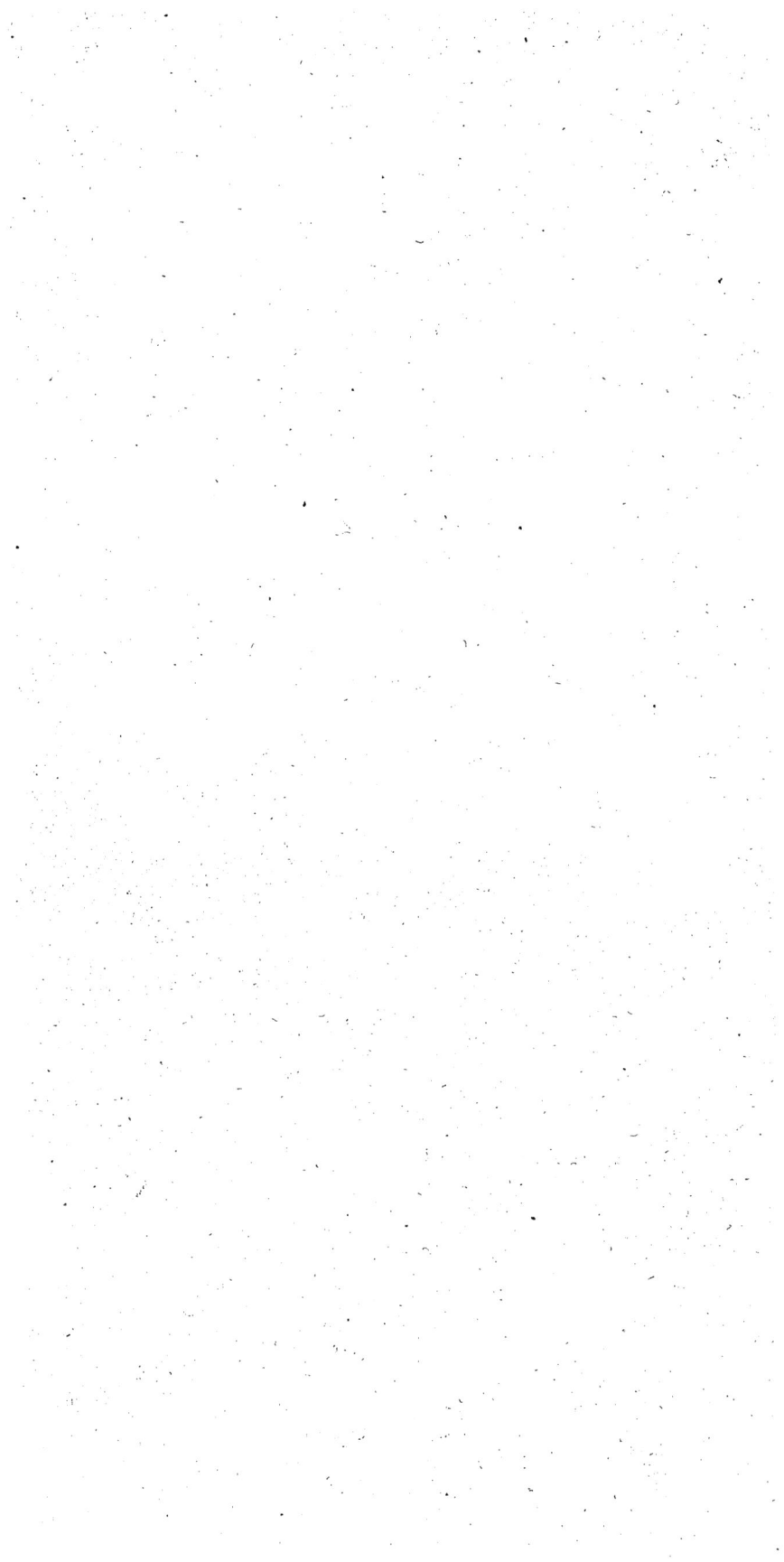

V

VIGNOLE.

ÉTUDE DES CINQ ORDRES D'ARCHITECTURE,

AVEC LEUR APPLICATION A LA CONSTRUCTION.

MODIFICATIONS APPORTÉES

DANS LES ENTRECOLONNEMENTS, PORTIQUES, RETOURS D'ANGLES RENTRANTS ET SAILLANTS,
FRONTONS, ATTIQUES, STYLOBATES, ETC.,

ET COURT APERÇU DES CONNAISSANCES HISTORIQUES DE L'ARCHITECTURE.

32 Planches gravées, avec un texte explicatif,

PAR THIOLLET FILS.

BESANÇON,

IMPRIMERIE ET LITHOGRAPHIE DE SAINTE-AGATHE AÎNÉ,

ÉDITEUR – PROPRIÉTAIRE.

—

1843.

PRÉFACE.

Jacques Barrozio, Architecte, né à Vignole en 1507, publia, seulement quelques années avant sa mort (1573), un ouvrage qui avait pour titre : *Règles des cinq ordres d'Architecture*. Depuis cette époque, ce livre a été refait un grand nombre de fois. Plusieurs architectes l'ont copié et lui ont fait subir diverses modifications. Nul ouvrage en effet ne peut être plus utile aux élèves, aux ouvriers qui désirent avoir des connaissances en Architecture. Mais, malheureusement, ce travail si beau, si digne d'être étudié par tous ceux qui ont le sincère désir d'apprendre, a subi parfois de graves altérations, et quelques-uns de ceux qui l'ont copié, croyant y faire des améliorations, n'ont fait que le dénaturer entièrement.

Sans avoir la prétention d'être plus habile que mes prédécesseurs, j'ai voulu, tout en conservant la classification de cet ouvrage, en rectifier quelques détails, et y faire surtout des additions importantes : c'est ce que j'ai essayé dans cette édition, avec toute la réserve que commande l'œuvre d'un maître comme Vignole. Ainsi les changements que j'ai apportés consistent dans les avant-corps et arrière-corps, les retours de frontons et de corniches, qui n'avaient pas, je crois, toujours été traités d'une manière convenable dans les ouvrages du genre de celui-ci ; j'ai donc tâché de suppléer à ce qui manquait sous ce rapport au travail de mes devanciers, j'ai étudié toutes ces parties avec beaucoup de soin, et je les ai classées de manière qu'à un simple aperçu on en puisse bien saisir la liaison et l'ensemble.

De tous les ouvrages consacrés aux études préliminaires de l'Architecture, il en est peu qui donnent des notions historiques sur cet art ; je crois que l'on me saura gré d'avoir placé ici quelques détails sur les différents styles introduits depuis l'Architecture Egyptienne jusqu'à l'époque de la Renaissance, c'est-à-dire sur l'Architecture Grecque, Romaine, du Bas-Empire, Moresque, du Moyen-Age, etc.

Si ce travail est profitable à ceux qui y chercheront à s'instruire, j'aurai atteint le but que je me suis proposé, et je serai amplement récompensé des efforts que j'ai faits pour y parvenir.   A. T.

Nota. Nous engageons toutes les personnes qui voudraient dessiner les ordres, à ne pas les construire en prenant les mesures sur la gravure : cette construction est vicieuse; d'abord parce que le papier, après l'impression, se retire toujours, et par conséquent ne peut donner la véritable grandeur des lignes; ensuite parce que, en prenant une mesure avec le compas et la reportant sur le papier, on ne fait qu'une copie banale, presque insignifiante, et de laquelle on ne tirera que peu de fruits; il faut donc dessiner les figures sur des proportions plus grandes, les construire d'après une échelle que l'on fixera suivant la grandeur de son papier, et s'en rapporter aux cotes qui sont données à cet effet pour tous les ordres.

VIGNOLE.

PREMIÈRE PARTIE

EXPLICATION DES PLANCHES.

PLANCHE PREMIÈRE.

Ensemble des ordres d'Architecture (*).

Avant d'entrer en matière, nous devons prévenir que les colonnes des ordres sont dessinées avec un diamètre commun, pour faire voir d'un coup d'œil la différence relative qui existe entre la hauteur des colonnes, des piédestaux, de l'entablement et de l'ordre en totalité.

Les ordres ont été réduits par Vitruve au nombre de cinq, et cette classification a été conservée par Palladio, Scamozzi, Serlio, Vignole, etc. Les Grecs n'en admettaient que trois, savoir : le Dorique, l'Ionique et le Corinthien. (Voir la Pl. 29.) Les Romains en modifiant deux de ces ordres en ont accru le nombre; le Dorique a formé l'ordre Toscan, et le Corinthien, l'ordre Composite. Vignole a formulé ses règles d'après les monuments d'Architecture exécutés à Rome et d'après le texte de Vitruve, et c'est après avoir bien médité les travaux de son art exécutés dans cette ville qu'il a rassemblé ses principes sur les proportions des colonnes, les piédestaux et les entablements. Vignole a déterminé le rapport qui existe entre les ordres, par une proportion établie entre les diamètres des colonnes qui les distinguent.

On rapporte les dimensions de toutes les parties des ordres d'architecture à une unité de mesure qu'on appelle *module :* la colonne a toujours deux modules à son diamètre inférieur ; le module se divise en 12 parties égales pour les ordres Toscan et Dorique, et en 18 pour l'Ionique et le Corinthien. L'ordre Composite a les mêmes proportions que l'ordre Corinthien. Quelques auteurs, tels que Palladio et Scamozzi, ont pris le diamètre de la colonne pour module, et ils ont divisé ce module en 30 et en 60 parties égales pour tous les ordres. Pour mieux comprendre ceci, il faut avoir recours à la planche, sur laquelle sont écrits les noms de toutes les grandes parties des ordres dont il va être question ; la nomenclature des petites parties de toutes les masses donnera leurs noms avec leurs applications.

Le rapport des masses et des subdivisions est indiqué par des arcs de cercle dont la combinaison s'applique à tous les ordres; il est indispensable de bien connaître la proportion et la division de toutes ces masses, avant d'entreprendre de dessiner l'architecture. Quand l'élève sera familiarisé avec toutes ces combinaisons, qui sont les mêmes pour tous les ordres, il exécutera beaucoup plus promptement ; et les applications n'exigeront que peu d'efforts de sa part. Le rapport qui existe entre les ordres est clairement expliqué dans les planches par les lignes ponctuées qui s'y trouvent tracées ; et les ordres y sont dessinés en masse de composition ou en masse d'exécution, toutes ces figures, étant trop petites pour recevoir les profils et autres ornements dont elles sont susceptibles d'être décorées.

Ordre Toscan. La colonne a de hauteur 7 diamètres ou 14 modules, y compris la base et le cha-piteau; elle est la plus courte et la plus simple de toutes les colonnes données par Vignole; son fût est toujours lisse, et ses moulures ne reçoivent jamais d'ornements.

(*) L'incertitude des auteurs ne nous permet pas d'établir l'origine précise des divers ordres d'architecture.

Dorique. La colonne a de hauteur 8 diamètres ou 16 modules ; les autres parties étant cotées, on ne les rappellera pas ; le fût de la colonne est orné de 20 cannelures. Les membres d'architecture sont plus compliqués que dans l'ordre Toscan et ils reçoivent des ornements. L'entablement de l'ordre Dorique est décoré de mutules ou de denticules ; sa frise est ornée de triglyphes et de métopes, qui sont souvent eux-mêmes ornés de symboles ou d'allégories (1).

Ionique. La colonne de cet ordre a de hauteur neuf fois son diamètre ou 18 modules ; le chapiteau n'a des ornements et des volutes que sur deux faces opposées ; la colonne est décorée de cannelures, qui sont au nombre de 24 ; sa corniche est décorée de deux larmiers, dont l'inférieur est découpé en denticules.

Corinthien. Sa colonne a de hauteur 10 diamètres ou 20 modules ; elle est ornée de 24 cannelures ; son chapiteau a deux rangs de feuilles avec des caulicoles d'où sortent des volutes grandes et petites ; son entablement est orné de modillons et de denticules.

Composite. Il offre les mêmes masses que celles de l'ordre Corinthien. (Pour les détails, voir les Planches 20 et suivantes.)

Remarque pour tous les ordres.

La hauteur AB étant donnée, on la divisera en 19 parties égales, dont on fait la répartition suivante : le piédestal a de hauteur 4 de ces parties, la colonne en a 12, et l'entablement 3 ; suivant Vignole, l'entablement a pour hauteur le quart de la colonne, et le piédestal le tiers.

Colonne. La colonne est aplomb jusqu'au tiers inférieur, et elle diminue d'un sixième dans les deux tiers supérieurs, comme on le voit dans la fig. où les dimensions et le tracé de la colonne sont indiqués.

Base. Elle a de hauteur un demi-diamètre ou un module de hauteur pour tous les ordres.

Chapiteau. Pour les ordres Toscan, Dorique et Ionique, la hauteur du chapiteau est d'un module ; le chapiteau de l'ordre Corinthien a de hauteur 2 modules 6 parties ; cette hauteur est très-variable dans les monuments anciens.

Entablement. L'entablement comprend : *l'architrave,* dont la hauteur varie, suivant le style d'architecture, la *frise* et la *corniche* qui varient également de hauteur.

L'Architrave est la première partie inférieure de l'entablement ; la face du dessous est plate, elle couvre l'espace compris entre deux colonnes. Quand l'architrave est d'un seul morceau, on la nomme sommier ; dans ce dernier cas, elle est souvent en bois. Les architraves en pierre sont composées de plusieurs claveaux que l'on nomme plates-bandes.

La Frise est la deuxième partie de l'entablement ; c'est une face plane qui sépare l'architrave d'avec la corniche ; la face de la frise, quoique plate, est très-richement décorée de bas-reliefs et d'inscriptions, suivant la destination du monument. La frise de l'ordre Toscan reste toujours lisse ; dans l'ordre Dorique, elle est toujours ornée de triglyphes et de métopes. (Comme il n'y a pas de règles sans exceptions, on voit quelquefois l'ordre Dorique exécuté sans triglyphes, mais ce n'est pas l'usage.) Dans l'ordre Ionique et dans l'ordre Corinthien la frise est souvent chargée d'ornements.

La Corniche est la troisième partie de l'entablement, et c'est elle qui couronne le tout ; souvent elle termine seule un mur, une façade, sans être accompagnée de la frise ni de l'architrave. On appelle généralement corniche toute saillie qui se profile et qui couvre un corps ; exemple : un piédestal a deux corniches, une à la base et l'autre au sommet. Les piédestaux et les attiques sont des parties accessoires à l'ordre.

Piédestal, on dit aussi *Stylobate.* Le piédestal est aplomb de la colonne, et son dé a pour largeur celle de la base. Le piédestal est terminé à ses deux extrémités par une corniche ; celle qui est à la base inférieure est renversée. Souvent la colonne repose sur un piédestal continu, comme en D, n'ayant point de profil aplomb de la base ; alors on le nomme *stylobate.* Il y a plusieurs cas où la

(1) Pour l'intelligence des moulures ou ornements dont la description ne se trouve pas dans le texte, voir les pl. 2, — 5, — 28.

colonne ne peut reposer à nu sur le sol, et où l'on ne peut employer le piédestal à cause de sa hauteur et de la saillie de ses corniches; alors on emploie le socle qui n'a point de corniche. Sa proportion est celle d'un cube, dont le côté est déterminé par la largeur de la base de la colonne; on y ajoute une partie du module pour la saillie. (Voir les applications Pl. 6, 9, 15 et 19.)

Attique et **Acrotère.** Il surmonte la corniche, il est souvent lisse comme en E; quelquefois il est percé d'une balustrade (on en peut voir des exemples aux planches 12, 14, 15 et 28); les piédestaux F portent souvent des vases ou des statues.

Il faut bien se pénétrer des combinaisons des ordres d'architecture exprimées sur cette planche par des masses différentes. Pour composer, on n'a pas besoin de connaître les détails, mais on a besoin de connaître toutes les divisions et les sous-divisions exprimées par chaque figure; on aura égard aux détails pour chaque ordre, dans les planches indiquées.

Dimensions et Tracé du fût de la colonne. Le moyen donné par Vignole consiste à diviser la hauteur du fût de la colonne en trois parties égales. Le tiers inférieur *a b* est cylindrique, ses côtés sont parallèles à l'axe; les deux tiers supérieurs vont en diminuant par le haut; cette diminution est de 1/6; le raccordement *d e*, *b c* se fait par une courbe, dont le tracé va suivre.

Le fût de la colonne est toujours terminé à son extrémité inférieure par un filet ou ceinture qui se raccorde avec le fût par un cavet ou congé (1); il se termine à la partie supérieure par un astragale (2). Le diamètre inférieur du fût est de 2 modules, la saillie du congé est de 2 parties. Le diamètre supérieur du fût de la colonne mesuré avant la formation de l'astragale est de 1^m. 3/4, et le diamètre de la baguette qui termine l'astragale est de 2 modules. Pour tracer la partie supérieure *b c*, on décrira la circonférence de la base *b d*; du point *e*, on tracera une parallèle à l'axe, elle rencontrera la circonférence en' *f*, puis on divisera l'arc *d f* et la hauteur *d e* en un même nombre de parties égales, on fera passer par tous les points de division faits sur l'arc des parallèles à l'axe, 4 par exemple; et par tous les points de division fait sur *d e*, on tracera des perpendiculaires à l'axe; ces lignes se rencontreront aux points *g h i k*; on fera passer une courbe par tous ces points, et cette courbe déterminera le galbe supérieur de la colonne, comme on le voit du côté *d e*.

Il y a d'autres manières de diminuer les colonnes; celle que l'on vient de décrire est la méthode de Vignole. Quoi qu'il en soit, ce procédé ne peut être applicable que pour l'ordre Toscan; pour les autres ordres, la courbure qui forme le galbe de la colonne doit partir du bas et non du haut. On peut donc commencer cette opération à la naissance inférieure du fût de la colonne, et la continuer sans interruption jusqu'à la naissance supérieure de la colonne.

Néanmoins il y a plusieurs architectes de mérite qui ont fait exécuter des colonnes coniques dans toute leur hauteur; le tracé de la colonne Ionique se fait de cette manière, c'est-à-dire, que les côtés sont en lignes droites; les colonnes faites ainsi ne sont point agréables à la vue dans l'exécution. Les ordres Dorique et Corinthien ont leurs colonnes avec renflement à partir du bas.

PLANCHE II.

Détails des ordres d'Architecture.

Cette planche comprend la subdivision des grandes masses en petites parties nommées moulures (3); on les assemble pour en faire un tout, disposé en encorbellement, comme on le voit aux moulures réunies de cette planche; la saillie est en raison de leurs formes. La planche en offre les exemples les plus usités.

Si je prends pour exemple la construction d'une corniche fig. 1, dont la hauteur A B soit donnée et la saillie A C (cette saillie est généralement égale à la hauteur, ce qui n'empêche pas de varier cette proportion), je tracerai la droite B C, elle limitera les saillies des masses et des détails. Ici la corniche est divisée en trois parties, comme exemple le plus simple; le *larmier a* est entre une

(1) Voir la Pl. 2 pour les moulures.
(2) *Ibidem.*
(3) **Les moulures** sont des ornements en saillie; il y a des moulures planes et des courbes; quelquefois elles restent lisses, d'autres fois elles reçoivent des ornements, soit des figures, soit des feuillages, etc.

réunion de moulures courbes et plates, dont les détails sont sur la planche. Quand on veut faire des corniches plus compliquées ou plus riches, on divise la hauteur AB en quatre ou en cinq et même en six, comme on le voit fig. 2 ; cette figure donne la masse d'une corniche avec modillons et denticules : à cet effet on y place trois larmiers, le premier *b* est le *larmier gouttière*, parce qu'il couronne les autres ; il rejette l'eau en dehors et l'empêche de couler sur toutes les moulures placées au-dessous. Le *larmier c* est celui qui sert à former les modillons, et le *larmier e* à former les denticules : chacun de ces larmiers est séparé par un assemblage de moulures courbes et planes, comme on le voit fig. 3, où la corniche est entièrement terminée ; toutes les moulures s'y trouvent réunies. Les masses *a, b, c, d, e, f*, se trouvent détaillées aux figures A, B, C, D, E, F.

Corniche avec *Console.* Le larmier a une grande saillie qui est supportée par une *console ;* cette console peut être un quart de rond ou une doucine, dont la saillie n'excède pas la largeur ; alors on dit : *corniche* avec *modillons.* Quand le modillon a pour hauteur plus qu'il n'a de largeur, on lui donne le nom de console, et il a souvent la forme d'un *talon.*

Des Moulures.

Les moulures sont *simples* ou *composées ;* les moulures *simples* se réduisent à cinq : les *filets* ou *listels*, les *tores* ou *boudins*, les *baguettes* qui ne diffèrent du *tore* que parce qu'elles sont plus petites (le tout ne doit s'entendre que par la base des colonnes) ; les *quarts de ronds*, les *cavets*, *gorges* ou *congés.* Les *plinthes* ou *socles* et les *larmiers* sont de grandes faces planes qui ont des applications différentes.

Les moulures *composées* sont au nombre de deux : les *doucines* et les *scoties* (les *doucines*, les *talons droits* ou *renversés* sont les mêmes) (1). Il y a d'autres ornements qui servent à la décoration des ordres et que l'on ne classe pas parmi les moulures, ce sont : les *cannelures* et les *canaux des triglyphes*, les *gouttes*, les *triglyphes*, les *modillons*, qui sont susceptibles de la plus grande richesse.

PLANCHE III.

Des pleins et des vides, des supports et des joints d'appareil appliqués aux portes et aux fenêtres.

Les portes et les fenêtres sont des ouvertures pratiquées dans un mur, pour servir d'entrée ou pour donner passage à la lumière. On appelle aussi *porte* l'assemblage de menuiserie qui ferme cette ouverture ; la fermeture d'une fenêtre se nomme *croisée.* La porte en menuiserie est tantôt pleine et tantôt à claire-voie ; l'ouverture pratiquée dans le mur se nomme *baie.*

On a réuni sur cette planche des ouvertures circulaires. Les arcades peuvent être isolées ou continues, portées sur des piliers ou sur des colonnes isolées (comme en A et B), ou sur des colonnes accouplées (comme en C), ou par des trumeaux ornés de colonnes ou de pilastres (comme en D), ce qui forme un grand ordre.

Fig. 5 *et* 6. Observations sur les ouvertures, pour portes et fenêtres. (Les proportions des niches sont comprises comme les ouvertures). On donne à la hauteur des ouvertures le double de leur largeur ; cette proportion est généralement adoptée. Quelquefois le besoin et la nécessité font varier leurs dimensions, surtout pour les portes intérieures qui ne peuvent avoir moins de 60 à 65 centimètres de largeur et 1^m. 90°. de hauteur ; sans cela l'homme ne pourrait passer : mais les ordres dans l'architecture ont fait proportionner les ouvertures ainsi qu'il suit :

Ordre Toscan : les portes et pleins cintres doivent avoir, de hauteur, deux fois leur largeur, deux fois 1/6 dans l'ordre Dorique, deux fois 1/4 dans l'ordre Ionique, deux fois 1/2 dans l'ordre Corinthien et deux fois 1/3 dans l'ordre Composite.

La *fig.* 1 donne une application des pleins et des vides pour des ouvertures circulaires ; les divisions sont exprimées par 0, 1, 2, 3, 4, etc. Le tracé de l'appareil pour la division des joints et des

(1) Les moulures auxquelles on a donné deux noms doivent se diviser ainsi : celles qui sont disposées en lignes droites et celles qui sont disposées en lignes courbes ; pour les bases, par exemple, la baguette prend le nom de tore inférieur ou de tore supérieur ; le filet prend le nom de *listel* ou *ceinture de la colonne.*

voussoirs se fait bien sentir par le support A, fig. 1 et 2. La réunion des archivoltes au-dessus des colonnes B et C se trouve exprimée par les fig. 2 à 4.

La décoration des joints simples et à bossages se trouve exprimée en grand par les fig. 11 à 15 ; plusieurs ajustements sont faits pour des pleins cintres et pour des arcs surbaissés, fig. 14 et 15.

Fig. 10. La décoration des ouvertures à voûtes plates pour former les portes et les fenêtres se fait au moyen d'un bandeau ou d'un chambranle *a ;* on lui donne pour largeur 1/6 de l'ouverture ; quelquefois on y ajoute une frise *b* et une corniche *c ;* chacune de ces parties est égale à 1/6 de la largeur de l'ouverture. (On peut voir l'application des ouvertures aux ordres Dorique, Ionique et Corinthien.)

Lorsque l'on emploie des ouvertures grandes et petites, les centres des arcs doivent toujours se trouver sur une même ligne horizontale fig. 7 et 8, et les ouvertures carrées par le haut doivent se terminer sur la ligne des centres ou de la naissance des voûtes *a b ;* l'ouverture ferait un mauvais effet, si elle s'élevait en *c,* ou si elle s'abaissait en *d.* Pour l'abaissement en *d,* il y aurait un autre motif, ce serait celui où l'imposte du grand arc *e* se prolongerait et servirait de plate-bande à l'ouverture, fig. 9.

PLANCHE IV.

DE L'ORDRE TOSCAN.

Cet ordre, le plus simple de tous, a été, suivant les historiens, inventé dans la Toscane ; Vignole n'ayant rien trouvé de cet ordre parmi les monuments de Rome, pour se baser et en régler la proportion, fut obligé d'avoir recours au texte de *Vitruve* et de se servir des règles qu'il avait tracées.

La pl. 4 offre l'ensemble de l'ordre complet, avec son plan au-dessous ; on y a réuni une colonne et un pilastre, lequel est monté sur un stylobate. La colonne A est montée sur un piédestal, au moyen de la légère saillie et des moulures qui se profilent ; tandis que le pilastre B qui a en tout les mêmes dimensions que la colonne, pour sa diamètre et sa diminution, repose sur un mur continu sans ressaut, ce qui lui fait donner le nom de stylobate. L'ajustement que l'on fait de la colonne et du pilastre forme un accouplement un peu lâche et dont le pilastre a peu de saillie sur le mur, ce qui a permis de faire faire avant-corps à l'architrave et à la frise, ainsi qu'à la première moulure inférieure de la corniche, sans faire saillir le tailloir, moyen souvent employé. (On renvoie aux pl. 6 et 12 pour voir la différence de la saillie de la corniche.)

Nous mettons ici en parallèle, un dessin au trait du piédestal, le quart du plan de la base de la colonne fig. 1 et du piédestal fig. 2, à droite l'épure et le dessin coté pour la construction de la colonne et du pilastre, comme l'indique le plan de la base fig. 3, à gauche le tracé des masses pour la construction : on voit que le tracé de l'exécution diffère de l'épure qui ne donne que les opérations pour le tracé du dessin.

Le piédestal de l'ordre Toscan est le plus simple de tous les ordres, les deux corniches n'ont que deux moulures.

Voici la nomenclature du piédestal et de la base de la colonne :

Piédestal.

Corniche ou base.	*a*	Socle ou base du piédestal.
	b	Listel, règlet ou filet.
	c	Congé.
	d	Dé du piédestal.
Corniche.	*e*	Talon.
	f	Règlet.
Base de la colonne.	*g*	Plinthe ou socle de la base.
	h	Tore ou boudin et gros-bâton.
	i	Ceinture, aussi listel de la base.
	k	Congé.
	l	Fût de la colonne.

PLANCHE V.

Entablement Toscan. Études de frontons et de corniches.

Cette planche donne, avec celle qui précède, tous les détails nécessaires pour la construction de l'ordre Toscan, dont les principales dimensions sont données pl. 1 et 4. La pl. 5 contient les détails des profils et de leurs saillies; il faut comparer les diverses projections dont la fig. 1 donne l'élévation de l'entablement et du chapiteau; la fig. 2, le dessin de la corniche vue en dessous, et la fig. 3, le chapiteau vu en dessous.

Nomenclature de l'entablement et du chapiteau.

Corniche.
a Quart de rond.
b Baguette.
c Filet.
d Larmier.
e Filet qui se raccorde avec le cavet, formant la mouchette.
f Talon.

Frise et architrave.
g Frise.
h Listel.
i Congé.
k Face de l'architrave.

Chapiteau.
l Listel.
m Tailloir ou abaque.
n Ove ou échine; on dit aussi, quart de rond; mais le quart de rond doit s'entendre quand il est en ligne droite comme en a.
o Ceinture ou filet.
p Gorgerin ou collarin.
q Astragale.
r Ceinture avec gorge.
s Fût de la colonne.

Tracé du fronton, fig. 4 *et* 5. La largeur E B étant donnée, on élèvera à son milieu la perpendiculaire C D, puis on portera A B de A en C; du centre C avec le rayon C B, on déterminera le point D, on tracera les côtés rampants E D, D B, on ajoutera au-dessus de cette ligne la dernière moulure de la corniche qui ne se reproduit pas sur celle horizontale. Le fronton est composé d'une corniche horizontale et d'une corniche rampante; l'espace triangulaire formé par ces trois corniches se nomme *tympan du fronton.* Sur la fig. 5 on voit le tracé des joints. — Fig. 6. Plan et élévation d'un retour de fronton profilant avec la corniche. — Fig. 7. Autre retour pour avoir la proportion des moulures de la corniche rampante, de même grandeur que la corniche horizontale, dont la hauteur est *a b.* — Fig. 8. Partie du larmier pour faire voir le retour du fronton, qui peut rester comme il est tracé en ligne pleine; souvent il arrive que la dernière moulure *a b* est formée par une dalle de pierre dure — Fig. 9. Autre retour de fronton, dont la corniche suit le rampant du toit; la corniche horizontale est supprimée.

Fig. 10 à 13. *Des corniches.* Elles ont presque toujours une saillie égale à leur hauteur; elles sont divisées, dans leur hauteur par des petites parties qu'on nomme *moulures a a,* séparées par un *larmier b.* — La fig. 13 indique la masse d'architecture. — La fig. 12, la masse d'exécution. Le gabari des moulures dorne le profil des corniches, l'ouvrier trace à ce profil des faces, telles que : *a d, c e, g h,* dans lesquelles on peut placer des moulures, dont la plupart se forment au moyen de *polygones* ou *faces.* — Fig. 11. Corniche terminée. — Fig. 10. Coupe de la corniche pour faire voir la saillie et la *queue* ou *lit c d,* qu'il convient de laisser pour la solidité de la corniche. Lorsque le mur est en pierres de taille, le lit inférieur fait parpaing. (*Observation.* Le filet *i k* peut être pris aux dépens de l'affouillement de la mouchette, comme on le voit en *i.* En exécution l'effet est le même.)

PLANCHE VI.

Entre-colonnements de l'ordre Toscan.

On entend par entre-colonnement l'espace compris entre deux colonnes, et qui est mesuré par l'axe de ces colonnes ; quelquefois on compte l'entre-colonnement du vide des colonnes, ou dans-œuvre.

On a réuni sur cette planche des entre-colonnements lâches et serrés. (Voir le plan coté, fig. 1 et 2.) Le plan, fig. 3, indique l'ajustement des colonnes et des pilastres, tandis que les colonnes, fig. 1, reposent sur un mur lisse ; par derrière les colonnes reposent sur un socle, fig. 2 et 4, formant perron ; les marches forment avant-corps et arrière-corps. Les fig. 1 et 5 indiquent l'accouplement de l'ordre en avant-corps, sur un piédestal qui forme stylobate, pour arrêter les marches du perron. La distribution du plan donne le péristile et le porche ; les pilastres d'ante ou encoignures ont les mêmes diminutions que les colonnes, pour que le haut des pilastres puisse se raccorder avec l'architrave. Dans le mur est percée une porte.

PLANCHE VII.

Portique sans piédestal pour colonnes et pilastres.

Cette planche offre l'application des colonnes engagées, et dont l'entablement forme avant-corps, fig. 2. Les pilastres d'angle, fig. 3, forment avant-corps sur l'encoignure ; les moulures de la corniche et de la base se profilent sur une plinthe. La fig. 1 offre un exemple de l'appareil des pierres et de la charpente formant le ceintre pour la pose des voussoirs de l'arcade. Le dessin porte les cotes nécessaires pour qu'il n'en soit pas fait mention au texte.

LÉGENDE :

A Le pilier, jambage ou pied-droit décoré d'un pilastre ou d'une colonne engagée.
B Le flanc, côté ou tableau du pilier ; on dit aussi *alette.*
a Colonne ou pilastre engagé dans le mur ; la colonne est engagée de 1/6 et le pilastre est en saillie de 1/6.
C Imposte ou coussinet.
D Sommier ou premier voussoir.
E Voussoir à crossettes.
F Contre-clef.
G Clef (les voussoirs compris entre D et G forment la retombée de l'arc).
f Crossettes.
H Architrave.
I Frise.
K Corniche.
L Nu du mur.
BB L'ouverture, le vide ou baie de l'arc.

Cintres pour la construction des arcades.

Pour construire les voûtes, on est obligé d'avoir recours à un échafaudage en bois, disposé de manière à former un cintre, dont les pièces se composent de :
a Pièces de bois debout pour porter l'*entrait.*
b Pièce de bois nommée *couchis;* elle repose horizontalement sur le sol, elle porte les montants *aa.*
c Entrait pour recevoir les poinçons et pièces de bois, tels que les poinçons droit *e,* et obliques *d,* et les courbes *f* qui portent les couchis *g.*
Le poseur place sur l'entrait une pointe *o* qui marque le centre du cintre ; elle est destinée à porter un *simbleau,* dont la largeur est égale au rayon du cercle et sert à poser les voussoirs qui limitent la retombée de la voûte.

PLANCHE VIII.

Portique avec piédestal, pilastres et colonnes engagées de 1/4.

La fig. 1 indique le portique avec pilastre, formant avant-corps, comme on le voit à la fig. 2 qui donne le mur en retour pour faire comprendre les diverses saillies des moulures.

Fig. 3. Portique avec colonnes engagées, l'entablement forme avant-corps sur le nu du mur : *a* imposte, *b* archivolte ; ces deux ornements ne sont pas désignés dans la planche précédente.

PLANCHE IX.

Fig. 2. *Ordre Toscan.* Application de cet ordre à une porte, avec pilastre sur socle formant avant-corps. Le mur est décoré de bossages rustiques. La fig. 1 fait voir l'emploi de l'ordre Toscan sans colonnes ni pilastres ; l'entablement seul est conservé, et il est placé à la même hauteur que si les colonnes étaient au-dessous. Cette porte peut passer pour rustique, puisque l'appareil des pierres est taillé en bossages, dont on voit des variantes, fig. 5, 6 et 7. Le plan de la porte est fig. 3, et le profil en grand de la moulure, qui fait chambranle, se trouve exprimé, fig. 4. Les claveaux de la plate-bande sont à crossettes, la contre-clef entre dans l'architrave et la clef pénètre la frise, tandis que les autres voussoirs vont se raccorder avec les assises de niveau.

La fermeture est d'un grand caractère, elle est composée de caissons, les bandes qui les séparent sont enrichies de têtes de clous.

La proportion de cette porte s'obtient en divisant la hauteur, qui est donnée, en 3 parties égales ; deux sont pour la hauteur de la baie et la troisième reste pour la partie au-dessus du linteau jusqu'au-dessus de la corniche. La largeur de la baie est de la moitié de la hauteur, et chaque jambage a pour largeur la moitié de la baie, comme on peut le voir par les chiffres.

PLANCHE X.

ORDRE DORIQUE.

L'*Ordre Dorique* est d'origine grecque ; il a été modifié par les Romains et ajusté par Vignole, qui l'a réduit en règles, pour former le deuxième des cinq ordres qu'il a distingués, et dont il a établi les proportions. L'aspect des trois espèces d'ordres Doriques, mis en parallèle sur cette planche, fait ressortir la beauté et la sévérité de l'ordre Grec, tiré du temple de Minerve à Athènes ; quelle fermeté dans la proportion de la colonne, quel caractère de force dans son entablement ! La hauteur, si bien raisonnée de son architrave, fait remarquer la maigreur des deux autres. La frise suit le même principe ; le triglyphe qui fait encoignure se trouve en saillie et non aplomb avec l'axe du fût de la colonne, comme dans les deux autres ordres. La corniche au contraire a de la légèreté, de la simplicité, tandis que dans l'ordre de Vignole et dans l'ordre Romain, elle a trop de hauteur et trop de complication dans les détails. La proportion de force exprimée par la forme conique du fût de la colonne Grecque est svelte dans l'ordre Dorique-Romain. Dans l'ordre Dorique de Vignole, la colonne a le caractère qui lui convient.

La colonne dorique-grecque que je donne pour exemple est sans base, mais elle repose sur trois marches qui ne sont pas exprimées sur la figure ; son fût est décoré de vingt cannelures qui se réunissent avec les arêtes. Le chapiteau de cet ordre est composé d'un tailloir lisse, d'une grande moulure qu'on nomme *échine* ; au-dessous sont les *annelets* qui se réunissent avec les cannelures. (Voir la figure en grand et son explication planche suivante, fig. 5.) Les ordres Doriques-Grecs sont très-multipliés, et ils varient tous dans leurs proportions, c'est-à-dire, que la colonne a de 4 à 7 diamètres de hauteur ; les ordres les plus parfaits, tels que les temples de Minerve, de Thésée, etc., sont dans le rapport d'environ 6 diamètres.

Le Dorique-Romain du théâtre de Marcellus a ses colonnes engagées dans le pied-droit qui supporte les arcades (comme on le voit par le plan). Cet ordre est sans base et repose au rez-de-chaussée sur une marche ; les autres ordres qui le surmontent sont avec des bases ; il est à remarquer que les Égyptiens, les Grecs et les Romains évitaient les bases aux colonnes : elles reposaient par terre ; cette grande saillie de la plinthe carrée, que nous avons conservée, gêne la circulation. (Pour l'entablement en grand de cet ordre, voir pl. 11, fig. 6.)

Les plans d'une colonne et d'un pilastre se trouvent placés au-dessous de l'élévation de l'ordre de Vignole ; les détails des profils et de leurs proportions sont pl. 11, fig. 1 à 4.

Sur la pl. 10 se trouvent le piédestal, la base et le fût inférieur de la colonne, comme on le fait pour un dessin qui doit rester au trait. La colonne est ornée de 20 cannelures ; on fait indistinctement usage des colonnes doriques cannelées et non cannelées. Lorsque le pilastre est cannelé, il n'a que sept cannelures. (Voir celles qui se trouvent pl. 11, fig. 10 et 11.) Le pilastre a pour saillie 1/6 de sa largeur; on peut mettre une cannelure sur le côté, comme on le voit en *a*; on peut aussi la négliger, comme on le voit en *b*.

Les profils, sur une échelle double, donnent les cotes des corniches, du piédestal, de la base, ainsi que les lignes ponctuées qui indiquent la construction du dessin de la figure, soit pour la colonne soit pour le pilastre.

Nomenclature du piédestal et de la base de l'ordre Dorique.

Piédestal.
- Corniche inférieure.
  - *a* Socle.
  - *b* Plinthe.
  - *c* Talon renversé.
  - *d* Baguette.
  - *e* Filet.
  - *f* Cavet.
- *g* Dé du piédestal.
- Corniche supérieure.
  - *h* Talon.
  - *i* Larmier, terminé par un cavet.
  - *k* Filet.
  - *l* Quart de rond.
  - *m* Réglet.

Base de la colonne.
- *n* Plinthe.
- *o* Tore inférieur.
- *p* Tore supérieur.
- *q* Filet.
- *r* Cavet.
- *s* Fût de la colonne.

PLANCHE XI.

Entablement Dorique mutulaire de Vignole.

Fig. 1. On a placé en parallèle avec cet entablement l'ordre Dorique-Grec, fig. 5; les ordres Romains, denticulaire, fig. 6, et mutulaire, fig. 8, ainsi que les ordres des modernes, fig. 7 et 9: on voit la relation qui existe entre la hauteur totale, celle de l'architrave, des frises et des corniches. Les moulures qui composent ces corniches sont remarquables par leurs hauteurs et leurs saillies; tous ces modèles sont beaux et le choix en est difficile à faire pour l'application. L'emplacement, la destination du monument, peuvent seuls faire préférer l'un à l'autre : tel qui a été fait pour un extérieur et pour être vu à une grande distance, ne conviendra pas pour un intérieur, et fera mauvais effet s'il est vu de près. On ne peut donc dire d'une manière absolue celui qu'il faut préférer, puisque le succès dépend des localités d'exposition; tel ordre qui fera bien au rez-de-chaussée et seul, fera peu d'effet, lorsqu'il sera élevé sur un autre ordre.

Dans l'ordre Dorique mutulaire, le mutule est toujours aplomb de la colonne, et il a un module de largeur. La métope est toujours carrée, le larmier est orné de compartiments qui reçoivent beaucoup d'ornements.

Suite de la nomenclature de l'ordre Dorique. (Fig. 1.)

Chapiteau et Fût de la colonne.

a   Fût de la colonne, avec ses cannelures.

b   Astragale.

a   Col ou gorgerin.

b   Filet se raccordant par un cavet avec le gorgerin.

c   Fusarolle à olives; cette baguette est taillée de perles, pour l'ordre dorique mutulaire seulement.

d   Quart de rond, taillé d'oves, répondants aux 20 cannelures du fût de la colonne, pour l'ordre dorique mutulaire.

e   Face ou gouttière formant le tailloir.

f   Talon orné de rais-de-cœur, pour l'ordre dorique mutulaire.

g   Réglet.

Architrave.

h   1re. Plinthe ou petite face.

i   2e. Plinthe ou grande face.

k   Bandelette ou cymaise.

l   Gouttes.

m   Filet de gouttes.

Frise : elle est ornée de triglyphes et de métopes.

n   Métope; elle est carrée, c'est-à-dire, qu'elle a pour largeur la hauteur de la frise; quelquefois elle est richement décorée de sujets allégoriques ou historiques.

o   Triglyphes; c'est un bossage placé dans la frise, il est aplomb de la colonne, il a de largeur 1 module; l'espace entre deux triglyphes est égal à un module 1/2. On n'emploie le triglyphe que dans la frise dorique, et on le décore de gravures que l'on nomme canaux.

p   Canaux qui ornent la face du triglyphe; il y en a un demi à chaque angle b.

a   Listel, ou espace entre deux canaux; il a toujours 2 parties ainsi que les canaux.

b   Demi-Canaux.

q   Chapiteau du triglyphe; ce n'est autre chose qu'un bandeau qui se contourne et se brise pour couronner le triglyphe; c'est la dernière moulure de la corniche.

q'   Continuation de la bandelette qui couronne le triglyphe.

Corniche : elle est formée de deux larmiers; l'un reste lisse, et l'autre est taillé en denticules ou en mutules t.

r   Filet.

s   Quart de rond.

t   Mutule, ornée de gouttes en dessous t' et couronné d'un talon qui profile tout autour.

u   Talon.

v   Larmier.

x   Talon couronné d'un filet.

y   Doucine.

z   Réglet.

Entablement.

Fig. 2. Corniche vue en dessous. — Fig. 3. Vue en dessous de la corniche et du chapiteau; dans ce dernier cas, on voit la disposition des oves, des perles et des cannelures, q est le retour du triglyphe. — Fig. 4. Profil et coupe du larmier au droit d'une mutule, pour faire voir le caisson, représenté en plan par v. On voit plusieurs systèmes de cannelures, fig. 10, 11 et 12. Les cannelures qui se réunissent à vive arête, comme aux fig. 10 et 11, sont employées de préférence pour l'ordre Dorique.

PLANCHE XII.

Entre-colonnement Dorique mutulaire.

(Voir les variantes des entre-colonnements aux pl. 6, 15 et 19.) Nous allons donner l'application de l'entre-colonnement Dorique sur un stylobate, avec la vue par bout d'un péristyle élevé sur des marches, comme on l'a vu de face pl. 6. Nous avons observé dans ces deux planches (6 et 12) les mêmes accouplements des colonnes, de manière qu'ils puissent se superposer les uns aux autres. Dans l'ordre Dorique que nous offrons pour exemple, la frise est ornée de triglyphes et de métopes, qui limitent l'espace des colonnes dans les péristyles, comme dans les arcades. Il ne peut y avoir moins d'un triglyphe, ni plus de six métopes entre les colonnes, comme on peut le voir pl. 14. On doit observer que la proportion du triglyphe a toujours un module ou la moitié du diamètre de la colonne, qu'il doit y avoir un triglyphe aplomb de chaque colonne, comme on le voit à la colonne *a*, et les métopes doivent rester carrées; ce qui fait que souvent les applications ne sont pas régulières. Nous offrons une idée de l'accouplement et de la régularité des triglyphes et des métopes, en employant les 2 styles Grec et Romain. Nous nous sommes permis de porter le triglyphe aplomb du diamètre extérieur de la colonne, comme on le voit à l'accouplement des colonnes *b c* (1). L'écartement des colonnes, formant l'accouplement *b c*, a été déterminé par celui de l'ordre Toscan, pl. 6, dont le diamètre de la colonne est plus fort que celui de l'ordre Dorique. Le diamètre inférieur est égal au diamètre supérieur de l'ordre Toscan.

L'ordre Dorique est surmonté d'un ordre Ionique; en avant est une terrasse avec balustrade pour faire voir le moyen employé pour élever les ordres les uns au-dessus des autres. La pl. 18 en offrira un autre exemple et on verra une application des trois ordres réunis.

PLANCHE XIII.

Portique Dorique, avec l'emploi des colonnes et des pilastres dont la base repose sur le sol.

L'ordre Dorique, dans cette planche, est denticulaire. La fig. 1 donne le dessin de l'arcade complet avec pilastres. La fig. 2 fait voir l'épure pour le tracé de l'ordre et de l'arcade, la relation des triglyphes et des denticules, qui se trouvent aplomb des colonnes et des axes des arcades. Les cotes, pour établir tous les axes et les masses, se trouvent notées sur la planche. Pour avoir les détails, il faut avoir recours aux pl. 10 et 11. La fig. 3 donne le plan et l'élévation dans un angle rentrant, et la coupe au milieu d'une arcade, pour faire voir la saillie de l'architrave, limitée par l'engagement de la colonne.

PLANCHE XIV.

Portique d'ordre Dorique mutulaire.

Fig. 1. Elle donne le dessin de l'ordre Dorique avec piédestal et attique; le côté *a* est avec balustrade, le côté *b* est plein, il est seulement orné d'un retable saillant. Quelquefois, dans les grands monuments ce retable reçoit une inscription.

Fig. 2. Cette figure donne le tracé de l'ordre et des arcades, la position des triglyphes et des mutules, du piédestal et de l'attique. (Pour les détails, voir les pl. 10 et 11.)

Fig. 3. Exemple du portique Dorique : la corniche est terminée par un fronton; les fig. 4 et 5 donnent l'élévation latérale du portique; la fig. 6, le plan de la colonne d'angle. L'application de cet ordre a été faite pour une porte, dont on trouve beaucoup d'exemples dans nos édifices.

(1) Cette modification à l'ordre de Vignole et au Dorique - Romain est une idée neuve qui peut être exécutée de préférence à l'emploi des métopes allongées, comme on le voit dans les exemples où il y a des accouplements, et particulièrement dans les monuments du temps de Louis XIV.

PLANCHES XV A XVIII.

ORDRE IONIQUE.

(Voir la pl. 1, et pour la comparaison de cet ordre qui tient une proportion moyenne entre le Dorique et le Corinthien ; qui va suivre, pl. 18; voir aussi la planche historique 29.)

L'ordre Ionique que nous offrons pour exemple est celui de Vignole, qu'il a copié dans les monuments de Rome antique, tels que le temple de la Fortune virile, le temple de la Concorde et le théâtre de Marcellus; mais il a copié plus particulièrement l'ordre Ionique du temple de la Fortune virile; seulement il a donné aux moulures de son ordre un caractère plus svelte et plus agréable.

Nous avons placé dans cette planche les divers entre-colonnements, lâches et serrés. Fig. 1. Plan, élévation de l'entre-colonnement Ionique selon Vignole, les colonnes reposent sur le sol. Ses proportions sont fixées ainsi par cet auteur :

Pour l'entre-colonnement simple, sans piédestal, 6 m. 1/2 d'axe en axe. La hauteur de l'ordre A B étant donnée, on la divisera en 22 1/2 ; une des parties sera le module, lequel étant divisé en 18 servira d'échelle pour proportionner les masses et les détails. La colonne a toujours 2 modules de diamètre et 18 de hauteur ; la base et le chapiteau ont chacun un module de hauteur ; l'entablement B C a 4 m. 1/2, d'architrave 1 m. 3/4, la frise 1 m. 1/2, la corniche 1 m. 3/4.

Fig. 2. Portique sans piédestal ; les ouvertures sont fixées à 8 m. 1/2 de largeur et 17 m. de hauteur ; le pilier a 3 m., quand il est isolé comme en D. Les autres parties sont suffisamment détaillées dans la figure pour qu'il n'en soit pas question ; les applications que l'on a faites à l'ordre de Vignole sont : l'angle saillant E et l'angle rentrant F, pour faire voir la coupe de l'entablement, la saillie de la soffite et la coupe de la terrasse H et l'attique G.

Fig. 3. Portique Ionique avec piédestal ; les applications sont : le retour d'angle saillant I, avec l'ajustement des deux colonnes engagées dans le pilier, formant encoignure, la colonne isolée K, et le pilastre L. L'entablement qui forme l'avant-corps au-dessus de l'arcade est terminé par un fronton M, et est représenté en profil par N ; les ouvertures ont 11 m. de largeur et 22 de hauteur, les piliers ont 3 m. de largeur, l'ordre entier 28 m. 1/2, dont la répartition est sur la gauche du dessin.

Fig. 4. Application de l'ordre Ionique à un péristyle. Lorsque les colonnes sont lâches, comme l'entre-colonnement O, on est obligé de former un accouplement à l'angle, comme en P, à moins que la soffite ne soit en bois ; sans cela les plates-bandes pourraient se disjoindre, fussent-elles unies par du fer. On fait des entre-colonnements lâches, lorsque les colonnes ou les pilastres sont engagés ; alors ces colonnes ou ces pilastres ne sont là que comme décoration ; on en voit un exemple en Q, où l'architrave repose sur le mur et n'a de saillie que pour venir affleurer la face du pilastre.

Le mur du fond est percé au milieu, d'une porte. L'autre entre-colonnement est décoré d'un piédestal et d'une statue, pour faire voir le rapport qui existe entre ces deux objets et l'ordre. Le piédestal a pour hauteur le quart de la colonne. La statue ne doit pas dépasser le couronnement de la porte. L'ordre est terminé par un acrotère.

Fig. 5. Façade Ionique avec l'emploi des pilastres engagés, portés sur un socle, avec marches rentrantes et saillantes. L'ordre se termine par un fronton.

PLANCHE XVI.

Détails de l'ordre Ionique. — Entablement. — Piédestal.

L'ensemble de l'ordre, pl. 1, détermine les premières masses de l'ordre entier ; les applications en sont données pl. 15. Les détails sont assez clairement exprimés dans cette planche, pour qu'il ne soit pas nécessaire d'en faire de nouveau l'analyse. Les cotes suffiront pour la construction des épures en grand. Nous ne rappellerons pas toutes les observations qui ont été faites sur les entablements et les chapiteaux. Pour les bases, on exécute de préférence la base *attique*, fig. 9; celle que Vignole a composée, fig. 8, est loin d'offrir un aspect aussi agréable. La base attique a été appliquée à l'ordre Dorique et à l'ordre Corinthien avec le même succès; on pourrait l'appeler la base-modèle.

Cannelures. La colonne est ornée de 24 cannelures, dont la forme varie suivant le goût de l'Architecte. (Voir pl. 2 et 11.)

Fig. 1, 4 et 5. Entablement et chapiteau sans ornements. Toutes les cotes nécessaires pour la construction de cette figure se trouvent exprimées. — Fig. 2 et 3. Entablement et chapiteau, avec les moulures ornées. — Fig. 6 et 7. Corniche supérieure et inférieure du piédestal. — Fig. 8. Base suivant Vignole. — Fig. 9. Base attique. — Fig. 10 et 11. Moitié d'un chapiteau pour faire voir la volute d'angle. Dans les monuments antiques la volute d'angle du chapiteau Ionique a deux faces. — Fig. 12. Tracé de la volute qui se projette en *a* et *b*.

PLANCHE XVII.

Chapiteau Ionique.

(Cette planche donne tous les détails nécessaires pour le tracé du chapiteau Ionique.) La fig. 1 représente la moitié du chapiteau en élévation, et la fig. 2, le quart du plan du chapiteau vu en dessous; les lignes ponctuées indiquent la correspondance des mêmes objets pour la projection des cannelures, des perles et des oves. Le milieu de chacun de ces objets se trouve dans la direction des rayons C D, C E, etc. Pour obtenir, en élévation, la courbure du dard *a, c, b,* ou le milieu de l'élévation de l'ove 0, 1, 2, il faut marquer sur le quart de rond, fig. 2, le profil de l'ove, les points 0, 1, 2, et projeter ces points sur l'élévation, fig. 1; les lignes élevées des points 0, 1, 2, et *a, c, b* de la fig. 2, rencontreront la projection de ces droites en des points 0', 1', 2', et *a', c', b',* qui détermineront la courbure demandée. (Voir, pour toutes ces opérations de projection, la deuxième partie de l'ouvrage, qui traite des intersections de surfaces et qui donnera la marche à suivre.)

Fig. 3. Coupe du chapiteau suivant la ligne C D du plan.

Fig. 4. Coupe suivant A C du plan.

Tracé de la volute du chapiteau : Fig. 1. Le centre de la volute se trouve à l'intersection de deux droites perpendiculaires, dont l'une est déterminée par l'extrémité du talon en *f,* et l'autre par le prolongement de l'arête supérieure de l'astragale. Le diamètre de l'œil *d c* est égal à 2 parties du module. (Voir la fig. 5, pour le tracé plus en grand.) Le cercle étant fait, on tracera quatre cordes, fig. 5, *f d, d g, g e, e f,* et par le centre on mènera deux perpendiculaires à ces cordes : 1 3 et 2 4; sur lesquelles se trouveront les douze centres des arcs nécessaires au tracé de la volute (1). Pour avoir ces douze centres, on divisera chacune des deux perpendiculaires 1 3, 2 4, en six parties égales, on aura les points 1 à 12 pour centres de la première spirale. Le centre 1, fig. 1, tracera la courbe *f g;* le centre 2, la courbe *g h;* le centre 3, celle *h i;* 4, la courbe *i k,* etc.

On tracera le contour intérieur de cette volute de la manière suivante :

Le listel L se prolonge en tournant pour former la volute; il est séparé par la face M, qui se continue de la même manière et forme le canal de la volute N. Pour obtenir la courbe intérieure de la spirale, on prendra pour centre le tiers de chacune des divisions comprises entre 1 5, 5 9, 2 6, etc., fig. 5. On aura les points 13, 14, 15, etc., pour les centres de cette courbe intérieure, que l'on tracera comme on l'a fait à la fig. 1.

Fig. 6. *Autre moyen de tracer la spirale de la volute, la hauteur* a b *ou le diamètre* c d *étant donnés.* Si la distance *a b* est donnée, on la divisera en 9 parties égales; une d'elles sera le rayon du cercle qui formera l'œil; si l'œil *c d* est donné, on portera 5 fois son diamètre de *e* en *f*. (La fig. 7 indique le tracé de l'œil en grand.) On divisera *c d* en 4 parties égales, et des points 1 et 4 on tracera les droites horizontales 1 2, 4 3, puis la verticale 2 3 tangente au cercle. On tracera les

_____

(1) On appelle aussi cette courbe *spirale.*

4

droites *a* 2 , *a* 3 , sur lesquelles devront se trouver les centres des arcs qui formeront la courbe spirale ; on obtiendra ces centres en divisant 1 4 en six parties égales : 1, 5, 9, *a*, 12, 8, 4 ; par ces points on tracera les horizontales 5 6, 9 10, 12 11 et 8 7, qui seront les centres demandés. Pour tracer la seconde courbe (comme à la fig. 1), on divisera 1 5, 5 9, etc., en trois parties égales, on aura les 24 centres dont on a besoin, et on opérera comme précédemment.

PLANCHE XVIII.

Exemple des ordres élevés les uns au-dessus des autres.

Les ordres Dorique, Ionique et Corinthien sont réunis ici dans une même façade, avec des ouvertures circulaires et carrées, lesquelles sont ornées de chambranles, corniches et frontons, dont les détails se trouvent en grand dans les autres planches. On voit que toutes ces applications diffèrent par les entre-colonnements, qui peuvent être des colonnes engagées ou des pilastres. L'écartement de l'ordre supérieur est limité par la position de l'ordre inférieur, qui lui-même a été fixé par la largeur des arcades ou par le nombre des triglyphes. Les colonnes ou pilastres ont toujours pour condition d'être aplomb les uns des autres, car les axes des pleins et des vides doivent se correspondre.

Différentes modifications ont été apportées dans les piédestaux, comme en *a* et *b*. L'ordre Dorique s'exécute quelquefois sans triglyphes, comme on le voit en *c*.

PLANCHE XIX.

ORDRE CORINTHIEN.

Entre-colonnements et portiques de l'ordre Corinthien.

Cette planche fait voir diverses applications de péristyles, porches et portiques de l'ordre Corinthien. (Voir planche suivante pour les détails de cet ordre.)

Les anciens établissaient des péristyles pour se promener au grand air, sans être exposés aux injures du temps; les édifices qu'ils bâtissaient étaient environnés extérieurement et intérieurement de colonnes isolées. A l'intérieur, ces colonnes formaient des péristyles, et à l'extérieur des portiques.

L'ordre Corinthien est celui dont ils faisaient usage pour cette décoration.

Fig. 1. Exemple d'entre-colonnement Corinthien: les colonnes reposent sur des marches, et l'entablement est surmonté d'un acrotère avec piédestal pour avoir des vides, à l'effet de les décorer de balustres. Dans la fig. 2, les colonnes reposent sur le sol et l'acrotère est lisse dans toute sa longueur. — Fig. 3 et 4. Elles donnent l'exemple d'un frontispice d'édifice composé de 4 colonnes et terminé par un fronton. Les colonnes de la fig. 3, formant le portique, reposent sur des marches qui sont arrêtées par le stylobate, dont l'extrémité forme piédestal à la colonne d'angle; celle de la fig. 4 repose sur un socle.

Les fig. 5 à 8 font voir des exemples de portiques avec arcades, dont les applications se font pour la décoration des places publiques, des grandes rues, des cloîtres, etc. Dans l'exemple de la fig. 5, l'ordre est simple et le pilastre repose sur le sol. La fig. 6 donne l'exemple d'une arcade, dont les 2 colonnes forment avant-corps ; je dis colonnes, parce que dans le plan on voit l'application des colonnes et des pilastres. Les deux autres figures donnent l'exemple d'un portique avec colonnes, piédestaux et acrotères. La fig. 7 fait voir l'ajustement d'une encoignure avec les colonnes en retour. La fig. 8 donne l'exemple d'une colonne formant avant-corps et ne servant que de décoration.

PLANCHE XX.

Détails de l'ordre Corinthien, entablement, piédestal et base de la colonne.

Les applications de cet ordre se trouvent exprimées planche précédente. L'ordre Corinthien est le plus riche de tous les ordres; on peut dire qu'il est le chef-d'œuvre de l'Architecture, pour sa légèreté, sa beauté et sa richesse. Pour construire cet ordre et en bien saisir les applications, il faut avoir recours à la pl. 19, qui donne les proportions des masses. L'entablement est décoré de modillons et de denticules ; les moulures sont quelquefois décorées de feuilles, souvent elles n'en ont pas ; quelquefois le larmier denticulaire reste lisse : alors les modillons sont seulement sculptés, mais il est rare qu'on ne travaille pas les larmiers destinés à recevoir ces ornements, ils sont toujours aplomb de l'axe de la colonne ; les autres ornements, tels que oves, rais-de-cœur, perles, etc., suivent la division des modillons et des denticules.

La base attique est celle que nous donnons à la colonne (nous avons déjà eu occasion d'en parler à l'ordre Ionique, on y aura donc recours pour plus de renseignements.)

PLANCHE XXI.

Chapiteau Corinthien.

Fig. 1. Moitié du chapiteau fini. — Fig. 2. Moitié du chapiteau avec masses d'ornements, les feuilles n'étant pas découpées. Le chapiteau est terminé à sa partie supérieure par un tailloir qui est composé d'un larmier *a*, d'un filet *i*, et d'un quart de rond *k*; au-dessous de ce tailloir est une tigette *d*, que l'on nomme aussi caulicole, de laquelle sortent deux volutes *b* et *c* ; *e* est le vase du chapiteau sur lequel s'appliquent 8 grandes feuilles *g* recourbées à leur extrémité supérieure *h*, et huit autres *f* placées dans les intervalles ; *l* fleuron. — Fig. 3. Vue du chapiteau Corinthien en perspective. — Fig. 4 à 9. Etudes de construction du chapiteau ; la fig. 4 indique le tailloir en élévation ; la fig. 5, le plan du tailloir vu en dessus, pour indiquer le tracé de sa courbe et de ses cornes ; la fig. 6 indique l'élévation de la cloche, appelée aussi vase ou tambour ; la fig. 7 donne le plan de cette cloche. — Fig. 8. Chapiteau avec les premières masses. — Fig. 9. Chapiteau découpé. — Fig. 10. Section faite au droit du fût en A de la fig. 2. — Fig. 11. Coupe prise à la hauteur B de la 1re. rangée de feuilles. — Fig. 12. Section à la hauteur C des 2es. feuilles. — Fig. 13. Coupe servant à faire voir l'accouplement des volutes.

PLANCHE XXII.

Fig. 1 et 2. Chapiteau Corinthien et base extraits du temple de Vesta à Rome. — Fig. 3 et 4. Variante de deux fleurons pour le tailloir.

PLANCHE XXIII.

Exemple de chapiteau de pilastre d'ordre Corinthien ; il est, comme le précédent, extrait d'un monument de Rome, du temple d'Antonin et Faustine. — Fig. 2. Plan du chapiteau ; la coupe est faite suivant A B, les feuilles étant enlevées. — Fig. 3. Plan du pilastre avec la saillie des feuilles. Dans l'élévation comme dans le plan, on s'est permis de canneler le pilastre, ce qui n'est pas dans l'exécution du monument. Les cannelures sont au nombre de sept sur la face, et une seule sur le côté, qui limite la saillie du chapiteau. Nous avons donné cet exemple pour compléter les études d'ornements des pl. 20 et suivantes, lesquelles sont propres à servir d'exemple et de guide à ceux qui voudraient les étudier.

PLANCHE XXIV.

Détails du chapiteau Corinthien. — Tracé des volutes et des caulicoles.

Les fig. 1 et 2 font voir la variété qui existe dans le tracé des volutes du chapiteau Ionique de Vignole, comparé avec des exemples pris dans les monuments de Rome. La fig. 5 donne l'exemple du caulicole, des grandes et petites volutes du chapiteau du temple de Jupiter Stator, et la fig. 6, les volutes du chapiteau Corinthien du temple de Vesta à Tivoli. Quelle beauté dans la forme des feuilles, quelle grâce dans les fleurons, si différents dans ces deux chapiteaux ! quelle richesse produite par ces feuilles placées dans tous les vides, comme on le voit dans le chapiteau de la planche précédente. Nous ne voulons cependant pas recommander de faire toujours comme les deux modèles que nous présentons; au contraire, il faut varier et viser au simple autant que possible. On peut voir la différence d'effet dans le tailloir de ces deux chapiteaux. Le peu d'exemples que nous donnons, et que nous avons pris dans les monuments antiques, prouve combien l'étude de ces monuments est fructueuse à ceux qui y cherchent des inspirations. C'est dans les monuments de Rome que Vignole a pris ses préceptes; remonter à cette source, copier ces monuments, sont des études profitables autant que la langue latine le serait à celui qui voudrait connaître la langue française.

Les feuilles changent de nom en raison de leurs formes et de leurs caractères. La fig. 7 fait voir une feuille du style d'ornement Grec. La fig. 8 indique le caractère Romain. Ces deux exemples d'ornements sont des feuilles d'acanthe, mais le modèle en est plutôt pris dans le *chardon cultivé* que dans le chardon sauvage. La fig. 9 donne un exemple de la feuille d'olivier. La fig. 10, de la feuille de refend. La fig. 11, de la feuille de laurier. La fig. 12, de la feuille de persil. Toutes ces feuilles subissent de grandes métamorphoses dans leur application aux ornements, car la feuille de persil est généralement composée de trois feuilles, comme celle que je donne pour exemple, fig. 13, elle est disposée en trèfle; tandis que la masse de la fig. 12 n'offre rien de maigre ni de découpé comme la nature nous l'a donnée.

Légende de la fig. 13 : *d* est la feuille de persil détaillée, qui se répète en *a* et *b* où les axes de ces feuilles sont tracés; *c* est la tige du milieu.

Tracé des volutes. Fig. 1, 3 et 4. La hauteur A B et la largeur B C étant données, ainsi que la hauteur de la volute A D, fixée à 8 parties du module, on tracera ainsi les courbes qui se raccordent entre elles : on prendra le point E, milieu de A D, et on fera passer par ce point une ligne oblique à 45° L K, sur laquelle se trouvera le centre G; on tracera le cercle E F, dont le diamètre est égal au tiers de E D. (Pour la division de l'œil, voir la fig. 3 qui en donne le tracé en grand.) On divisera E F en 4 parties égales, chacun de ces points sera le centre d'une courbe qui formera la première révolution de la volute; le point E sera le centre de la courbe A K, F le centre de la courbe K M, etc. Pour terminer la courbe A C, on élèvera une perpendiculaire sur le milieu de A C, elle coupera la verticale en B qui sera le centre de la courbe. Pour tracer la largeur de la volute, les points M C étant données, on élèvera sur le milieu de N M une perpendiculaire qui coupera la verticale en O; ce sera le centre demandé. Il est convenable de tracer la courbe N M avec le centre B, de manière à ce que la courbe N m soit parallèle à la courbe A C, comme on le voit dans la fig. 4, qui indique le tracé de la volute du chapiteau de Vignole. Il faut, pour tracer la seconde révolution de la courbe spirale intérieure de la volute, diviser E 2, F 3, en 4 parties égales; ces divisions donneront les centres des courbes intérieures.

Fig. 2. Élévation de la volute, vue par bout et en raccourci.

Fig. 4. Tracé de la petite volute : les opérations et les dispositions de la figure étant les mêmes, l'explication ne changera pas.

PLANCHES XXV A XXVII.

ORDRE COMPOSITE.

Les proportions de l'ordre Romain, que l'on nomme Composite, sont les mêmes que celles de l'ordre Corinthien; ce dernier a été seulement modifié par les Romains, qui, en faisant quelques changements au chapiteau, ne s'attendaient pas à faire un ordre nouveau. (Voir pour l'historique de cet ordre pl. 29, fig. 6.) Il ne sera pas donné d'entre-colonnements, puisque ce sont les mêmes que ceux de l'ordre Corinthien; les portiques et les arcades sont les seuls qui puissent subir quelques modifications, on en verra des exemples.

PLANCHE XXV.

On a réuni sur cette planche deux entablements d'ordre Composite. Le premier, fig. 1, est celui suivi par tous les auteurs qui ont copié Vignole; il se trouve dans tous les ouvrages de ce genre. Le deuxième, fig. 2, n'est pas moins beau ; il est tout entier de l'invention de Vignole, tandis que l'autre est extrait des monuments de Rome. L'entablement, fig. 2, se fait remarquer par l'originalité de sa frise, qui est ornée de consoles placées au-dessous des modillons qui décorent la corniche, comme dans l'ordre Corinthien. La pensée de décorer la frise de consoles est prise dans les triglyphes et les métopes de l'ordre Dorique. Quoique l'application et les proportions de l'entablement, fig. 2, soient tout à fait différentes de la fig. 1, l'effet n'en est pas moins heureux dans l'exécution ; cependant cet entablement fait mieux en grand qu'en petit. On l'a imité avec succès dans plusieurs édifices et maisons particulières de Paris. L'entablement composite de Vignole s'exécute bien rarement au-dessus des chapiteaux et des colonnes ; il couronne toujours un mur lisse dont les encoignures sont terminées par des pierres saillantes formant bossages. Dans la fig. 1, la corniche a quelque rapport avec celle de l'ordre Ionique, et dans la fig. 2, la corniche tient de l'ordre Corinthien. — Fig. 3. Plan de la corniche, pour faire voir le dessin du dessous du larmier qui est orné de canaux.

PLANCHE XXVI.

Fig. 1 à 4. Entre-colonnements avec arcades, variés de style et de proportions ; les pilastres et les colonnes reposent : sur le sol, fig. 1 ; sur des piédestaux, fig. 2 et 3, et sur un socle, fig. 4. L'entablement, dans ce dernier exemple, présente des modifications et une application de l'entablement, pl. 25, fig. 2.

Fig. 5. Chapiteau de l'ordre Composite : il fait suite à l'entablement, pl. 25, fig. 1.

Fig. 6 à 9. Plans du chapiteau en différents endroits. — Fig. 6. Dessous du tailloir. — Fig. 7. Coupe du fût de la colonne cannelée et dessous du tailloir avec les volutes. — Fig. 8. Coupe du chapiteau au droit des premières feuilles. — Fig. 9. Coupe du chapiteau au-dessous des volutes, les feuilles étant enlevées pour laisser paraître les volutes, les perles et les oves.

La fig. 10 fait voir le même chapiteau en élévation, vu sur l'angle, avec les feuilles enlevées d'un côté, pour faire mieux comprendre sa construction et pour faire voir la cloche du chapiteau.

Les fig. 11 à 14 donnent les plans du chapiteau suivant diverses sections. — Fig. 11. Dessous du tailloir avec les lignes d'opération nécessaires au tracé d'une de ses faces. — Fig. 12. Même vue où l'on a ajouté 2 volutes et le quart de rond. — Fig. 13. Même vue avec les moulures ornées. — Fig. 14. Dessous du chapiteau avec les feuilles en masses.

La différence de ce chapiteau avec le Corinthien consiste en ce que, dans le Corinthien, il y a 4 volutes sur chaque face, et que dans le Composite il n'y en a que 2.

PLANCHE XXVII.

Colonne Trajane à Rome.

Fig. 1 et 2. Plan et élévation de la colonne Trajane, qui est un des exemples les plus beaux de l'ordre Composite-Romain. Cette colonne, exécutée comme monument de triomphe plutôt que comme support d'entablement, puisqu'elle est isolée, a pour proportion : le fût de l'ordre Dorique, style Romain ; le chapiteau de l'ordre Dorique, style Grec, et la base de l'ordre Toscan. Le piédestal, qui est très-bas, forme à lui seul un trophée, comme on peut le voir au détail, fig. 3, qui donne l'entrée du monument.

PLANCHE XXVIII.

Cette planche offre une réunion de détails d'ornements qui appartiennent aux ordres d'Architecture, tels que les balustres, fig. 1 à 6 ; les impostes et archivoltes, fig. 7 à 10 ; les moulures ornées, fig. 11 à 19, et les consoles, fig. 20 à 25.

Balustre. C'est un petit support dont la proportion n'excède pas un mètre de haut, et qui est destiné à servir d'appui. Les balustres remplissent les intervalles entre les piédestaux, et font partie de l'acrotère, qui est la quatrième partie d'un ordre (comme on peut le voir pl. 1, 12, 14 et 18).

5

On emploie les balustres pour orner les terrasses, les balcons, les fenêtres, les murs d'appui; ils forment aussi la clôture des jardins pour servir de garde-fou; on les emploie dans d'autres cas comme rampes de grands escaliers; on leur a donné une forme, un caractère, une richesse de moulures, appropriés aux ordres auxquels ils sont appliqués, tels que; balustre Toscan, fig. 1; il est carré, et ses moulures se profilent sur les 4 faces. Pour poser les balustres, on réserve aux deux bouts une partie carrée *a* et *b*, qui a une légère saillie pour former le tenon de scellement avec le socle et l'appui de l'acrotère. Balustre de l'ordre Dorique, fig. 2. Il est à 8 pans. Les balustres des ordres Ionique, fig. 3; Corinthien, fig. 4, et Composite, fig. 5, sont ronds. On fait aussi des balustres à doubles poires, le plus gros renflement est au milieu, et leur réunion se fait par une astragale entre deux scoties, comme on le voit fig. 6, où ce balustre est scellé dans la tablette et dans la plinthe.

Fig. 7 à 10. Imposttes et archivoltes des divers ordres dont il a été question précédemment. La fig. 7 appartient à l'ordre Dorique, la fig. 8 à l'ordre Ionique, la fig. 9 à l'ordre Corinthien, et la fig. 10 à l'ordre Composite.

Fig. 11 à 19. Moulures ornées. — Fig. 11. Doucine formée de feuilles d'acanthe et de palmettes. — Fig. 12. Talon orné de rais-de-cœur, dans le style Grec. La fig. 13 offre un modèle d'un quart de rond orné d'oves. On voit par ces trois exemples que la moulure qui profile sur un angle saillant ou sur un angle rentrant, a toujours une feuille d'ornement ployée, n'importe sa nature. — Fig. 14. Talon avec rais-de-cœur. — Fig. 15. Quart de rond avec feuilles de refend. — Fig. 16. Doucine ornée de feuilles de refend et de feuilles d'acanthe. Le talon renversé, fig. 17, offre une variante des feuilles de la fig. précédente. — Fig. 18 et 19. Modèles de baguettes ornées de perles de différentes espèces.

Fig. 20 à 25. Exemples de consoles. La fig. 20 est le profil de la console, fig. 21, où elle est vue de face. La fig. 22 est le profil de la fig. 23. Les fig. 24 et 25 offrent l'exemple de consoles renversées et larges.

PLANCHES XXIX A XXXII.

ABRÉGÉ DES CONNAISSANCES HISTORIQUES DE L'ARCHITECTURE.

Pour ce court exposé des connaissances historiques de l'Architecture, nous consacrons deux planches : la première, aux colonnes et pilastres employés comme supports ou comme simple décoration ; la deuxième, à une série de portes monumentales ; nous commencerons cet historique à l'Architecture Égyptienne et nous le finirons à la Renaissance.

Les planches 31 et 32 donnent en grand les détails qui ne pouvaient s'exprimer sur les planches précédentes, vu la petitesse des figures ; nous sommes loin de penser que ce peu d'exemples suffise pour bien faire comprendre toutes les nuances variées apportées dans chaque style depuis 60 siècles, de manière à former une Archéologie parfaite ; ce n'a pas été notre prétention, car pour un travail si vaste, si étendu, il ne faut pas restreindre la matière, et c'est à peine si une nombreuse collection de volumes suffirait pour traiter un tel sujet ; néanmoins le travail que j'offre n'en est pas moins le fruit de mes recherches, et j'en crois le résultat capable de faire plaisir et d'instruire celui qui commence, puisque ce livre est destiné aux personnes qui veulent étudier l'Architecture : elles auront une teinte, une nuance de divers styles, mais je ne puis leur promettre qu'elles connaîtront entièrement *l'histoire de l'Architecture.*

PLANCHE XXIX.

Architecture chez les Égyptiens, les Grecs et les Romains.

Fig. 1. Les Égyptiens (peuple dont l'origine remonte très-haut) ont créé une Architecture qui leur est propre ; ils ont couvert toutes les faces de leurs monuments, si gigantesques et si sévères par leurs formes, d'emblèmes mystérieux et significatifs qui sont restés jusqu'à nos jours un sujet de discussion pour tous les savants.

A l'angle de chaque monument, on voit un massif dont la face extérieure est en talus, et est toujours terminée par une baguette qui s'élève et sépare l'entablement en deux pour en faire une corniche architravée, car la frise est une architrave, et la corniche est composée d'une seule moulure.

(Le détail de la corniche est pl. 3o, fig. 1.) La face intérieure du pilier d'angle est aplomb et correspond aux colonnes formant péristyle. Les colonnes sont courtes, les chapiteaux sont ornés de têtes ou de feuillages, deux seulement sont donnés pour exemple ; les colonnes formant le porche sont toujours engagées par le bas dans un petit mur qui en défend l'entrée ainsi que la vue intérieure, ce qui n'empêche pas la circulation ; il faut passer par la porte placée au milieu pour pouvoir se promener sous le péristyle, dont les colonnes sont isolées comme celle marquée c. Toutes les proportions de cette Architecture se bornent au pilier d'angle et à la colonne, qui a de hauteur environ 6 fois son diamètre, et l'entablement qui a un peu plus du quart de la hauteur de la colonne.

Fig. 2 à 4. *Architecture Grecque.* Ce style est extrêmement gracieux, les ornements sont délicats, d'un travail précieux, fini. Les proportions de cette Architecture se classent suivant 3 ordres que l'on prend comme types fondamentaux de toutes les constructions grecques, savoir : le *Dorique*, fig. 2 ; l'*Ionique*, fig. 3, et le *Corinthien*, fig. 4. L'aspect de ces trois ordres se distingue parfaitement, soit par la proportion des colonnes, soit par les ornements des chapiteaux. Leurs dimensions sont établies ainsi qu'il suit :

Colonne de l'ordre Dorique, fig. 2 : elle a six diamètres de haut, et son entablement a le tiers de la hauteur de la colonne. (Voir la pl. 10 pour plus de détail.) L'ordre Ionique, fig. 3, a sa colonne plus svelte, elle a de hauteur neuf fois son diamètre ; elle est cannelée avec beaucoup d'élégance, les cannelures sont au nombre de 24. Son chapiteau a deux volutes sur chaque face extérieure et son entablement est on ne peut plus simple ; l'architrave est plus élevée que dans les autres ordres Grecs ou Romains. La base de la colonne repose sur des marches. — Fig. 4. Ordre Corinthien : il est encore plus svelte que l'ordre Ionique, sa colonne a de hauteur dix fois son diamètre, son fût est cannelé comme dans l'ordre Ionique ; son chapiteau est évasé et enrichi de deux rangs de feuilles d'acanthe ; sur chaque face sont deux caulicoles d'où sortent 4 volutes : deux grandes qui se dirigent aux angles, et deux plus petites qui vont se rencontrer au milieu ; le tout est terminé par un tailloir à quatre faces, orné d'un fleuron à chaque milieu. L'entablement est, comme les deux autres, composé d'une architrave, d'une frise et d'une corniche ; cette dernière est enrichie de modillons et quelquefois de denticules en même temps ; la frise est ornée de bas-reliefs, composés de figures ou de rinceaux d'ornements. Les colonnes de ces ordres reposent toujours sur des marches. On remarque, aux angles des murs, des pilastres de la même hauteur que les colonnes, mais plus minces. Les chapiteaux de ces pilastres diffèrent souvent de ceux des colonnes auxquelles ils correspondent.

Architecture Romaine. Fig. 5 à 8. Les Romains sont venus après les Grecs, et si l'on examine leurs monuments primitifs, c'est-à-dire ceux du temps de la République de Rome, on trouvera l'Architecture Romaine pure; mais si l'on considère les monuments élevés du temps des Empereurs, on y trouvera toute l'architecture Grecque modifiée, dénaturée même quelquefois. Les cariatides, qu'ils ont employées aussi, existaient également chez les Grecs.

Les Romains étant devenus les maîtres du monde, avaient rapporté des pays qu'ils avaient conquis des fragments des monuments les plus précieux; ils les détruisaient même pour les emporter chez eux, et faisaient servir ces débris, qui consistaient en bas-reliefs, colonnes, statues, etc., à la décoration d'édifices nouveaux. Avec l'ordre Corinthien, auquel ils firent quelques modifications, particulièrement au chapiteau où ils mirent deux grosses volutes sur chaque face, au lieu de quatre que les Grecs avaient toujours mises, ils composèrent un ordre nouveau qui a donné naissance à *l'ordre Romain*, que les Architectes de l'époque de la Renaissance ont appelé Composite. Ils ont appliqué cet ordre à leurs monuments de triomphe les plus considérables, tels que l'arc de Titus et de Septime-Sévère, les thermes de Dioclétien ; les autres monuments où cet ordre a été exécuté n'égalent pas en beauté ceux que nous venons de citer.

Fig. 5. Les Romains ont créé un ordre nouveau, pris dans l'ordre Dorique-Grec, auquel ils ont retranché les triglyphes, les métopes et les cannelures; ils ont ajouté une base et ont donné un diamètre de plus à la hauteur de la colonne, pour en faire l'ordre qui par la suite a été appelé Toscan.

Fig. 6. L'ordre Corinthien des Grecs, comme nous venons de le dire, a fourni la composition de l'ordre Composite, qui a conservé toutes ses proportions par son ensemble. Il y a moins de différence entre ces deux ordres qu'il n'en existe entre le Toscan, fig. 2, et le Dorique-Grec des temples de Minerve ou de Thésée à Athènes, fig. 5 (1). L'ordre Composite a été modifié dans son entablement et dans son chapiteau ; le fût de la colonne est resté le même, on y a ajouté un grand piédestal. Une des plus belles conceptions comme colonne Composite, c'est sans contredit la colonne Trajane, élevée comme monument de triomphe ; son fût et son chapiteau se rapprochent du Dorique-Grec, les cannelures ont été remplacées par un bas-relief disposé en hélice ; on retrouve encore les cannelures au col du chapiteau, auquel on a supprimé l'astragale. La base a été faite de la manière la plus simple, c'est celle que l'on a donnée à l'ordre Toscan ; le piédestal est bas, il ne ressemble en rien à ceux construits ordinairement par les Romains (2).

Fig. 7. *Des ordres élevés les uns sur les autres.* Les Romains nous en ont donné une belle application dans leurs théâtres, et celui de *Marcellus,* que nous offrons pour exemple, est une belle chose comme proportions ; on y a ajouté le troisième ordre qui n'existe plus, mais qui se trouve gravé dans plusieurs ouvrages du 16ᵐᵉ. siècle. On doit aux Romains les arcades posées sur les colonnes, fig. 8, et c'est une preuve de la décadence de leur architecture ; on en voit des exemples aux églises de St.-Paul, hors les murs de Rome, à St.-Lorenzo, id.

Si les Romains n'ont pas imaginé leur style, ils ont élevé des temples et des monuments de triomphe, dont la composition et la construction datent des siècles d'Auguste, et qui peuvent rivaliser avec les beaux monuments d'Athènes du règne de Périclès. Après cette époque, les Romains ont dégénéré, et si l'on considère tout ce qui a été fait depuis Constantin (3ᵉ. siècle), on trouvera des constructions durables, mais de composition mesquine, point de détails étudiés, partout des objets détournés de leur destination, et c'est ce qui nous force de revenir et d'admirer les belles conceptions des Égyptiens et des Grecs. Tous les siècles qui viennent après Constantin sont des siècles de destruction pour les monuments antiques.

Nous abandonnerons ici l'Architecture Romaine et sa décadence, et c'est la France que nous allons exploiter maintenant.

Des supports employés en France dans l'Architecture, depuis le 3ᵐᵉ. jusqu'au 16ᵐᵉ. siècle.

La France possède plusieurs restes des monuments de l'époque gallo-romaine, et souvent les fouilles en font découvrir de précieux débris : souvent ils sont à la surface du sol ; le hasard quelquefois fait rencontrer des monnaies précieuses, des pierres gravées, des mosaïques, des ornements de toilette, etc. En défrichant le sol de nos campagnes, on trouve des routes ou voies romaines, des tronçons de colonnes portant des inscriptions, dont la plupart ont servi de bornes milliaires ; on trouve aussi des pierres qui ont servi de sarcophages, car la plupart sont évidées en niches. Il n'est pas rare de rencontrer des piédestaux carrés, ayant sur chaque face des figures sculptées avec un grand relief, et dont le travail est lourd et peu délicat dans son exécution. Une grande partie de ces piédestaux ont servi d'autel ou de tombeau. Des vases en terre cuite, des urnes cinéraires d'une grande dimension, des briques employées comme incrustations ou ornements dans les constructions, des pierres tumulaires avec inscriptions, se trouvent aussi en grand nombre. La science recueille avec soin tous ces produits d'une époque qui n'est plus, et l'histoire s'empare des renseignements fournis par ces témoins muets de la domination romaine sur nos contrées.

Les colonnes du 3ᵉ. au 6ᵉ. siècles sont presque toujours sans proportions, vu qu'elles sont formées avec des cylindres de marbre provenant d'anciennes colonnes cassées, auxquelles on a joint des bases et des chapiteaux qui le plus souvent s'ajustent très-mal. Il n'y a jamais deux chapiteaux semblables, quoique les colonnes soient disposées symétriquement.

Le style Gallo-Romain est l'architecture Romaine dégénérée, exécutée sans proportions. Le monument, fig. 9, est composé d'un piédestal, un socle et un fût de colonne, qui appartiennent à des époques antérieures aux siècles que nous venons de citer. Les Romains ont construit en France des arcs de triomphe d'une grande beauté, des monuments historiques, des amphi-

(1) Voir les détails pl. 6 pour l'ordre Toscan, et pl. 10 pour l'ordre Dorique.
(2) On en peut voir le dessin et les détails pl. 27.

théâtres, des aqueducs d'une dimension prodigieuse, qui tous attestent la puissance du peuple souverain.

L'époque du 6me. au 8me. siècle fournit peu d'exemples de monuments : ce sont de lourds piliers ou pilastres sans ornements, fig. 10 ; des colonnes cylindriques peu élevées, fig. 11 (de la hauteur d'un homme à peu près), soutenant des arcades en demi-cercle. Les chapiteaux sont composés, soit avec des feuilles larges, soit avec des figures assises sous de petites arcades et soutenues par des colonnettes ; ce caractère sévère s'est conservé jusqu'au 11me. siècle, ce qui n'a pas empêché d'employer, à partir du 8me. siècle, des colonnes longues ou courtes, suivant le besoin, et ayant des chapiteaux analogues ; rien que la connaissance de ces chapiteaux est une histoire très-compliquée. À partir du 8me. au 11me. siècle, les arcades avaient plus d'un demi-cercle de hauteur ; leur centre était élevé (voir la porte pl. suivante, fig. 8). Les monuments de l'époque de Charlemagne (8e. siècle) sont d'une grande magnificence ; les plans montrent, par leur conception, une entente et un talent très-grands de la part des architectes.

Le 11me. siècle offre des formes très-variées comme masses et comme détails. L'exemple fig. 12 est on ne peut plus remarquable. Les ordres, ou plutôt les colonnes qui s'élèvent les unes sur les autres pour former les portiques, ont cela de remarquable que ni les arcades ni les colonnes ne se trouvent dans un même axe, comme on le voit fig. 7. L'Architecture du 11me. siècle est très-variée de composition ; il en existe plusieurs monuments dans diverses villes de France. C'est à cette époque que l'on commença à placer des statues dans les façades, et l'exemple que nous donnons, fig. 12, fait bien voir la richesse de composition d'Architecture et de Sculpture apportée à cette époque. Cette façade est entièrement couverte d'ornements, et tous ces petits ajustements sont encadrés par un faisceau de cylindres engagés et groupés ensemble, de manière que cette masse, placée à l'encoignure, porte au-dessus une petite lanterne formée de colonnes accouplées ou groupées par 2, 3 ou 4. Elles supportent des arcades dont la naissance repose sur les chapiteaux. La corniche est toujours formée par des modillons ornés de têtes d'oiseaux et de bêtes chimériques, comme on peut le voir à chacun des petits ordres élevés les uns sur les autres. Les petits clochetons sont toujours terminés par un cône, que le peu d'espace que nous avions ne nous a pas permis de représenter sur le dessin.

12me. siècle. Ce style s'est prolongé bien avant dans le 15me., et ce n'est que vers la fin qu'il a pris un développement qui lui a donné toute son élégance et ses belles proportions. Il y a beaucoup de légèreté dans les voûtes et dans les murs qui les supportent, ce qui a fait naître les arcs-boutants et les contreforts couronnés de clochetons (dans le siècle précédent, on se contentait de placer en saillie sur les murs, des piliers carrés) ; quelquefois ces arcs-boutants étaient divisés dans leur hauteur par des corniches, ce qui les faisait diminuer d'étage en étage, comme on le voit à la fig. 15. — La fig. 16 fait voir les supports intérieurs du 12me. siècle ; ils sont composés : d'une colonne courte dont le chapiteau supporte des arcades au-dessus du tailloir, de plusieurs petites colonnes grêles qui reposent aussi sur le chapiteau, et s'élèvent jusqu'à la hauteur de la voûte, pour en porter les nervures. (Voir planche suivante pour les ouvertures.)

La notice que l'on vient de lire, sur les deux siècles précédents, a fait voir que le caractère le plus ordinaire des constructions de ces époques, consiste en des colonnes minces, grêles, élancées, de légères baguettes placées souvent contre les murs comme simple décoration, et qui avaient l'air de soutenir les nervures des voûtes. Un autre caractère encore plus particulier, et qui fera reconnaître plus facilement ce style, c'est l'*ogive*, courbe formée par deux arcs de cercle, qui a été introduite en France au 11me. siècle et qui s'y est conservée jusqu'au 15me. siècle. Cette *Architecture* est dite *Ogivale*.

14me. siècle. Il diffère peu des précédents : les colonnes sont presque toujours engagées d'un quart. Ces grandes tiges sont quelquefois composées de plusieurs colonnes, dont la base de l'une repose sur le chapiteau de l'autre, sans corniche intermédiaire, comme la fig. 17 le fait voir.

15me. siècle. Fig. 18 et 19. Les supports sont divisés par des nervures *a*, représentées en plan *b*, qui partent de la base, laquelle est très-rapprochée de terre. Ces nervures vont se confondre avec celles de la voûte. Quand il y a des chapiteaux, ils sont ornés de feuilles frisées, dont deux sont presque toujours en forme de bouquet *i*. Les moulures qui forment les nervures sont ordinai-

6

rement des doucines et des baguettes; quelquefois les colonnes sont lisses et les nervures prennent leur naissance sur le cylindre de la colonne *c*. On voit aussi des colonnes groupées et bandelées *d*. Il y a beaucoup de consoles formant cul-de-lampe, et portant des statues qui sont assez ordinairement couvertes par un petit dais terminé en clocheton et à pans.

16ᵐᵉ. siècle. Fig. 20. L'Architecture appelée Renaissance commence à cette époque : on abandonne l'ogive et les colonnes grêles pour copier l'Architecture Romaine. Cette Architecture est composée de pleins cintres, de colonnes avec entablements, comme on les rencontre dans les cinq ordres, sauf la proportion des colonnes, des bases et des chapiteaux, dont on n'a pas tenu compte. Les ordres en général ont été exécutés, à cette époque, avec une petitesse remarquable. Les pilastres sont décorés de frises et d'arabesques; quelquefois ces pilastres sont très-élevés, alors ils sont décorés eux-mêmes de niches *l*, ayant de petits pilastres grêles et pourtant ornés de panneaux et d'arabesques; un entablement avec fronton brisé, tourmenté, de forme bizarre; quelquefois il est ouvert pour laisser placer un ornement formant cul-de-lampe *g*, destiné à porter un petit temple circulaire, qui se trouve placé au milieu du chapiteau *h*, qui a la forme du chapiteau Corinthien. Les panneaux qui décorent les pilastres ou les piédestaux *m* sont en forme de losange, ou de demi-carré, ou de quart de losange.

PLANCHE XXX.

Nous donnons sur cette planche une série de portes, classées de manière à donner une idée concise, il est vrai, mais juste, des différents styles d'Architecture apportés dans les ouvertures. Décrire l'histoire des portes monumentales et de leurs assemblages, est un sujet que l'espace ne nous permet pas de traiter ici; il nous suffira de dire qu'une porte est le plus bel ornement d'un édifice, c'est l'objet principal d'un bâtiment, c'est le premier point de vue où l'œil se fixe d'abord; l'Architecte doit apporter tous ses soins à cette partie du monument, pour tâcher d'en bien faire comprendre la destination.

Voyons comment les Anciens ont traité cette partie de l'édifice; étudions ces exemples jusqu'à une certaine époque (la Renaissance); nous renverrons à la figure qui, à la simple inspection, pourra donner une idée du style que l'on voudra étudier.

La proportion d'une porte se règle sur celle de la maison, et son caractère doit être en rapport avec sa destination; c'est cette ouverture qui, placée dans une façade, dans un mur de clôture, comme dans l'intérieur d'une habitation, fait souvent tout le charme de l'Architecture.

Fig. 1. *Porte Égyptienne* (1). Nous commençons par cette Architecture, parce qu'elle est la plus ancienne, et que nous pouvons l'offrir comme classique. Quoique faite dans l'enfance de l'art, elle donne les proportions exactes, justes, de ce que l'on peut appeler bonne construction, sous le rapport des formes comme sous celui des masses, bases de la stabilité en Architecture.

Architecture Grecque. Fig. 2 à 4. La porte fig. 2 est tirée du temple d'Erecthée, situé dans l'acropolis d'Athènes; cette porte est sous le vestibule qui donne entrée à la tribune des Cariatides; elle fait voir un exemple des pilastres appliqués aux jambages des portes. Le détail du chapiteau se voit fig. 2, pl. 31.

La porte, fig. 3, donne l'application d'un ordre où l'entablement est complet; elle est tirée d'une maison dite de l'apothicaire, dans les ruines de Pompéi.

Fig. 4. Porte extraite du portique Ionique du temple d'Erecthée; l'ordre qui décore ce portique se trouve exprimé fig. 3, pl. 29; les détails de la porte sont fig. 4, pl. 31. Cette porte est une des belles conceptions du style Grec, tant par sa masse que par ses admirables détails. On y trouve l'origine des consoles portant la corniche, et des deux chambranles réunis sans interruption.

Architecture Romaine. La fig. 5 représente la porte du temple de Vesta à Tivoli, dont la con-

(1) Les différents passages de transition qui règnent dans tous les styles d'Architecture ne pourront être exprimés sur cette planche; nous nous bornerons seulement à en offrir le caractère le plus ordinaire et le plus pur.

struction remonte aux plus beaux temps de Rome. Cet exemple est regardé à juste titre comme une des plus belles productions de l'art Romain. Les fig. 5 et 6 sont élégantes ; elles se distinguent par une hardiesse, un caractère qui ne se rencontrent que dans les monuments de cette époque. Les jambages sont en surplomb intérieurement, de manière que l'ouverture est plus large à la base qu'au sommet. Les moulures de l'architrave se profilent jusqu'en bas sur les jambages, et forment le chambranle ; au-dessus est une frise et une corniche. La fig. 6 donne un exemple de porte pris dans les monuments Romains, mais non exécutés à Rome. Cette porte est située dans la cour quadrangulaire du grand temple de la ville de Balbec ; elle donne entrée à l'une des chambres ayant vue sur la cour ; son élévation est de 10 ^{m}., elle occupe toute la façade qui est décorée d'un grand ordre et dont le fronton touche au dessous de l'entablement. On est surpris de rencontrer dans ce pays de l'Architecture qui rappelle beaucoup celle de la Renaissance, par les saillies données aux corniches dans les frontons. Les monuments que les Romains ont élevés sur la terre étrangère, ne sont pas, à beaucoup près, aussi riches que ceux construits en Italie ; leur goût s'y est singulièrement altéré, et lorsque l'on examine tous les monuments qu'ils ont fait élever en Égypte, en Grèce, en Italie, on s'aperçoit bien de la rapidité avec laquelle ils ont été bâtis et du peu d'étude que les architectes faisaient alors de leur art.

Architecture Romane primitive. Pour bien juger cette partie de l'Architecture, il faudrait examiner la forme des édifices sous le rapport des plans, des façades et des coupes, des tours, ainsi que leur construction comme matériaux, les supports et les ouvertures. L'étude des colonnes, des pilastres, des corniches, des voûtes et de tous les ornements intérieurs et extérieurs, serait aussi très-intéressante et formerait tout un livre, une histoire que l'on ne peut trouver ici ; il faudrait surtout un trop grand nombre de planches. Nous nous bornerons seulement à donner les ouvertures (fig. 22 à 36), les supports ont été décrits sur la planche précédente.

Les ouvertures, telles que portes et fenêtres, étaient toujours cintrées ; les arcs reposaient presque toujours sur des piliers ou pieds-droits ; quelquefois l'ouverture d'une porte était fermée par un linteau en pierre, d'un seul morceau ; l'arc qui le couvrait était là pour le protéger de la charge du mur qui s'élevait au-dessus et que cette pierre n'aurait pu supporter, comme on le voit à la fig. 7. Les arcades étaient toujours formées de voussoirs en pierres, fig. 23, extradossées et couronnées d'une moulure circulaire, qui se retourne horizontalement au droit de la naissance du cintre ; quelquefois on mettait les voussoirs partie en briques et partie en pierres. Le tympan était rempli par un petit appareil à joints horizontaux ou réticulaires, comme à la fig. 12. Quelquefois on y mettait un bas-relief grossier, souvent il ne représentait qu'une croix latine.

Architecture Moresque. Fig. 8 et 9. Les ouvertures sont circulaires et leurs centres un peu plus élevés que l'imposte, comme on le voit fig. 8. Les impostes ont une grande saillie sur le chapiteau. L'ouverture est toujours encadrée par des ornements, dont on verra les détails sur la planche suivante. Une autre espèce de cintre, composé de deux courbes, comme l'ogive, mais dont la partie inférieure rebrousse en dedans, pour venir se raccorder avec la saillie de l'imposte qui est toujours en encorbellement sur le chapiteau, se trouve fig. 9.

La courbe, fig. 8, a été introduite en France depuis le règne de Charlemagne jusqu'au 11me. siècle ; elle fait partie de l'architecture Romane.

11me. siècle. Ce fut vers la fin de ce siècle que les archivoltes se multiplièrent et se chargèrent d'ornements, fig. 10 et 11 ; chaque cintre formant archivolte était porté par de petites colonnes ou pilastres, ce qui enfonçait la porte en formant plusieurs voussures concentriques et en retraite, et ce qui la rendait d'une grande richesse. Les ornements que l'on plaçait à chaque rang d'archivolte se composaient de figures, d'animaux volatiles ou quadrupèdes, disposés toujours de manière à former un arabesque. La première rangée de l'archivolte était ornée des figures du zodiaque, de chevaliers, d'anges et de musiciens. Vers la fin du 11me. siècle, les moulures des archivoltes se prolongèrent jusqu'à terre, comme à la fig. 10, ayant souvent des moulures compliquées et quelquefois richement sculptées ; ce principe a fait naître les chambranles des portes ogivales. La fig. 10 est une porte seule, isolée, placée au milieu d'un bâtiment. De chaque côté de la fig. 12, la décoration de 2 arcades a été simulée ; elles sont enfoncées de 3 à 4 archivoltes qui sont subdivisées par des piliers ou colonnes surmontés d'arcades.

Sur la pl. 29, fig. 12, le grand arc bouché est ogival, et les petites portes, également simulées, sont en demi-cercle, tandis que dans les fig. 11 et 12, pl. 31, les grands arcs sont en demi-cercle et les petits sont ogivals, sans pour cela faire partie de l'Architecture dite à ogives.

12me. et 13me. siècles. Fig. 13 et 14. Les monuments religieux sont les seuls qui puissent nous fournir des exemples de ces deux siècles. Les portes des églises du 11me. au 15me. siècle étaient très-riches en sculpture. Dans chaque façade de monument il y avait trois portes, presque de même grandeur; elles étaient carrées et séparées au milieu par un jambage richement sculpté; les portes étaient formées par des voussures en ogives; dans chaque bande se trouvaient des figures de rois, de chevaliers, d'anges et de saints. Dans les 11me. et 12me. siècles, les figures étaient debout; plus tard elles étaient assises. Le tympan était sculpté; il représentait des sujets de l'histoire sainte, disposés en bandes horizontales; c'était toujours Jésus-Christ entouré d'anges ou accompagné des 4 évangélistes représentés quelquefois par l'ange, l'aigle, le lion et le bœuf; au-dessous étaient les apôtres rangés en ligne; d'autres bandes représentaient l'enfer, d'autres la résurrection des morts, etc. — Les deux côtés de la porte formant le bas des voussures, fig. 13, sont décorés de colonnettes d qui correspondent aux nervures; d'autres sont ornées de grandes figures debout b, qui souvent sont couronnées par un dais richement orné de petits arcs en ogives, avec des nervures composées de petites moulures d'une grande délicatesse de travail; les contours et les formes en sont très-variés; les feuilles d'ornement sont découpées et se détachent bien de la partie du fond. L'arc ogive extérieur était surmonté d'une moulure rampante e formant fronton sans tympan. De 30 en 30 ans, des modifications étaient apportées dans chacune de ces Architectures, ce qui forme autant de passages de transition. Tous ces styles, quoique du même temps, diffèrent en raison des pays où ils se trouvent; le type général est pourtant le même, mais il y a de grandes modifications dans les détails des ornements; cela provenait peut-être des matériaux que fournissait le pays. Chaque localité avait son école, qui nécessairement apportait quelques modifications dans la composition comme dans l'exécution.

14me. et 15me. siècles. A cette époque les ogives étaient élancées et les ornements beaucoup plus détaillés; ils se faisaient remarquer par une grande étude du dessin et un précieux fini dans l'exécution, ce qui a fait prendre à ce style le nom de Gothique fleuri. Les courbes se multipliaient, le jeu du compas se faisait sentir dans toutes les nervures des voûtes, des voussures, des portes, et dans les moulures des meneaux, qui formaient l'ensemble des grands vitraux. On abandonna les trèfles pour reprendre les courbes à plusieurs inflexions, comme on peut le voir dans la balustrade ou galerie d'appui, fig. 15, et dans les détails, fig. 3 à 7, pl. 32, qui offrent le tracé au compas de ces ornements. Ce style se trouve répété fréquemment dans le 16me. siècle.

16me. siècle. Fig. 16. Nous voici arrivés au passage de transition. La courbe ogivale ne s'est conservée que par le bas; le haut est terminé par une courbe qui se trace avec un centre pris en dehors de l'ouverture, comme on le voit fig. 3, pl. 32. Les jambages de la porte sont vus sur l'angle; ils forment pilastre et se prolongent au-dessus de l'ogive; ils vont se terminer par de petits clochetons ornés de feuilles ou d'animaux; souvent ce sont de grands chiens rampants qui s'élancent en dehors. Les ouvertures de cette époque sont très-basses, les portes des habitations sont juste de la hauteur ordinaire d'un homme; il fallait toujours se baisser pour passer sous la porte, et descendre une marche pour entrer dans la maison.

Fig. 17 et 18. Ces deux exemples de portes rendent parfaitement le caractère rustique employé dans l'Architecture Florentine aux 15 et 16me. siècles; leur forme circulaire est entourée de moulures qui viennent se briser par le bas et qui profilent dans l'intérieur sur une face ménagée à cet effet. Les bossages, qui ornent cette Architecture et qui en font le principal ornement, sont d'un caractère tel, qu'ils frappent la vue du spectateur par leur rusticité de construction. Les lignes lisses et gracieuses des moulures des arcades n'ont pas d'imposte. Les pierres qui forment les voussoirs sont plus fortes au sommet de l'arc qu'à la naissance; ces derniers sont extradossés, de manière que les assises horizontales viennent se raccorder avec l'extrados en formant un angle aigu difficile à exécuter. Le travail de l'appareil est différent des joints visibles formés par les bossages.

Fig. 19 et 20. L'architecture de la Renaissance en Italie diffère de la Renaissance en France. Les deux portes que nous donnons pour exemple, comme toutes celles qui sont exécutées dans ce pays, offrent une réunion de bizarreries d'une originalité nouvelle pour l'époque à laquelle elles ont été exécutées, mais de mauvais goût. C'est un amas de petites moulures formant chambranles et contre-chambranles, ayant une grande saillie sur le mur, des corniches tourmentées, des frontons coupés, brisés, dont les retours sont en enroulements ; ils portent des animaux chimériques ou encadrent des cartouches pour recevoir quelquefois des armoiries, des coquilles ou des têtes monstrueuses. Ces deux portes donnent une idée des créations des Buonaroti et des Borromini, qui se sont conservées, dans ce pays, jusqu'à la fin du 17ᵐᵉ. siècle.

La Renaissance en France est l'architecture Romaine antique, exécutée avec d'autres proportions.

L'architecture de Louis XIV est aussi celle des Romains, seulement un peu plus purement exécutée qu'au siècle précédent.

Le règne de Louis XV a été remarquable comme ornements de mauvais goût, sans formes de masses, sans contours arrêtés dans les détails ; le peu d'étude de formes toujours brisées et tourmentées caractérise cette époque ; des cintres tantôt très-élevés, d'autrefois très-bas, mais presque toujours avec des enfoncements en niche ; la partie qui forme l'encorbellement est ornée de cartouches, de fleurons jetés çà et là sans aucune intention ; des guirlandes, des draperies, des figures chimériques, moitié poisson, moitié femme, quelquefois des quadrupèdes.

La fig. 21, que nous donnons pour exemple, est du style le plus pur et le moins orné de cette époque ; cette porte est dans des proportions passables. Il y en a qui sont couronnées par un balcon. On rencontre assez souvent des saillies de corniche portées par de grandes consoles plates, richement décorées de guirlandes, de fleurs, etc.

Nous récapitulons les formes historiques des ouvertures comme vitraux dans les fig. 22 à 36. — La fig. 22 a été exécutée jusqu'au 9ᵐᵉ. siècle. — La fig. 23 est du 8ᵐᵉ. au 11ᵐᵉ. siècle. — La fig. 24, depuis l'origine des églises chrétiennes jusqu'au 11ᵐᵉ. siècle. — Fig. 25, du 11ᵐᵉ. au 12ᵐᵉ. siècle. — Fig. 26, du commencement du 12ᵐᵉ. siècle. — Fig. 27 et 28, de la fin du 12ᵐᵉ. à la fin du 13ᵐᵉ. siècle. — Fig. 29 et 30, du 13ᵐᵉ. siècle. — Fig. 31 à 33, du 14ᵐᵉ. siècle. — Fig. 34 et 35, de la fin du 14ᵐᵉ. siècle. — Fig. 36, du commencement du 16ᵐᵉ. siècle et du passage de transition entre l'architecture ogivale et l'architecture de la Renaissance.

PLANCHE XXXI.

Détails de la planche 30.

Les numéros des figures correspondent à ceux de la planche précédente.

Le détail de la fig. 1, se rapportant aux pl. 29 et 30, même figure, donne les profils et ornements d'une corniche Égyptienne.

Fig. 2 et 3. Moulures de deux chapiteaux Grecs.

Le détail, fig. 4, donne en grand le chambranle à consoles et la corniche de la porte Grecque ; toutes les moulures sont ornées et font voir le style et le beau caractère des perles, des oves, des feuilles et des palmettes qui ornent la doucine et le talon. La coupe indique les profils des moulures et de la console.

Fig. 5. Corniche et chambranle d'une porte de l'architecture Romaine, style primitif.

Les fig. 8 et 9 donnent des détails des chapiteaux, des corniches, des imposttes et des archivoltes de l'architecture Moresque. Tous les murs sont couverts d'ornements. Les masses de ces portes sont fig. 8 et 9, pl. 30.

PLANCHE XXXII.

Fig. 1 et 2. Détails d'une archivolte correspondant à la porte, fig. 12, pl. 30.

Fig. 3 à 6. Détails de l'Architecture du commencement du 15ᵐᵉ. siècle ; voir fig. 15, 33 et 35, pl. 30, où il est question de ce siècle. Les fig. 3 à 6 sont les détails d'une niche ; les différentes coupes, verticales et horizontales, en font voir les profils, et les lignes ponctuées indiquent les cintres nécessaires au tracé des courbes.

Les fig. 7 et 8 indiquent des détails de moulures ornées, dont l'application est la même que celle de la fig. 5.

Fig. 9. Moulure d'un des meneaux de cette époque et qui se sont conservés jusqu'au 16ᵘᵉ. siècle. (Voir les fig. 35 et 36, pl. 3o, pour le caractère des ouvertures.)

Fig. 10. Architecture de la Renaissance en France. Cet exemple est pris dans le tombeau de Louis XII, construit sous François Iᵉʳ. Il est placé maintenant dans l'église de St.-Denis, avec tous les tombeaux des rois de France.

La fig. 11 indique la coupe du monument, pour faire voir les profils et la richesse des ornements, tant intérieurement qu'extérieurement.

FIN.

Colonne

Pilier

Pilastre

Dimensions et tracé
du fût de la colonne

Toscan

Dorique

Ionique

Corinthien   Composite

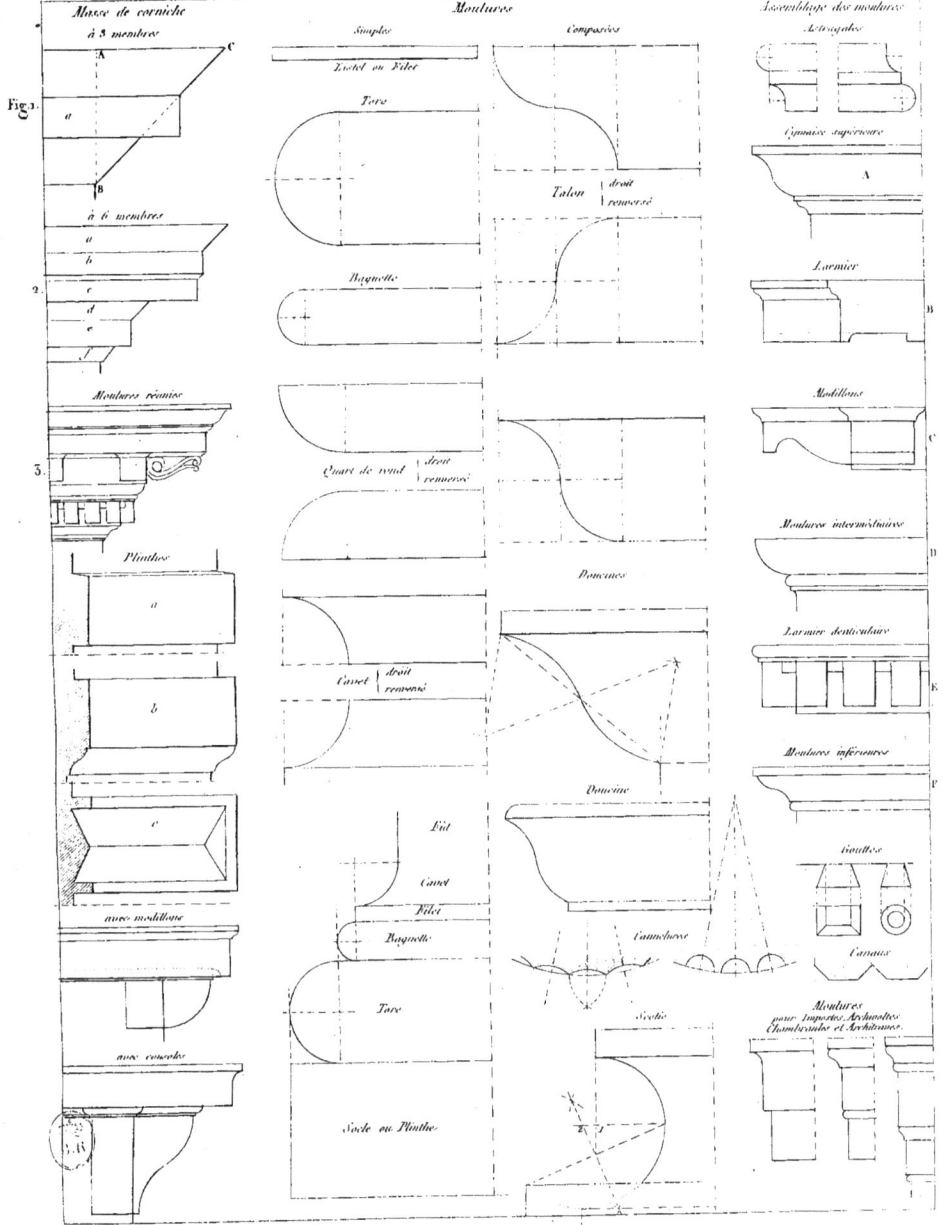

Masse de corniche

Moulures

Assemblage des moulures

à 3 membres

Simples

Composées

Astragales

Fig. 1

Listel ou Filet

Cymaise supérieure

Tore

A

à 6 membres

Talon { droit / renversé }

Larmier

Baguette

B

Moulures réunies

Modillons

C

Quart de rond { droit / renversé }

Moulures intermédiaires

D

Plinthes

Cavet { droit / renversé }

Larmier denticulaire

E

Doucines

Moulures inférieures

F

Doucine

Goulottes

Fût

Cavet

Filet

Baguette

Canaliette

Canaux

Tore

Moulures
pour Impostes, Archivoltes
Chambranles et Architraves.

Scotie

Socle ou Plinthe

ORDRE TOSCAN.

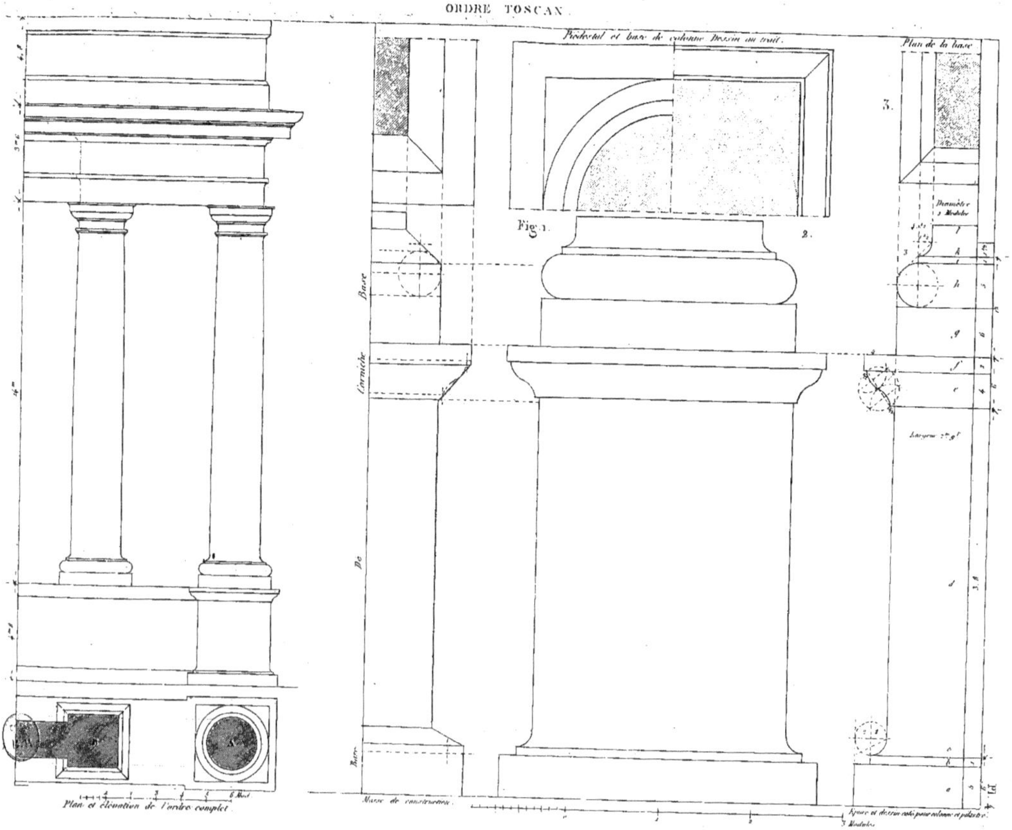

Piédestal et base de colonne Dessin au trait.
Plan de la base
Fig. 1.
2.
3.
Base
Corniche
Dé
Base
Diamètre 2 Modules
Largeur 2m 9p
Plan et élévation de l'ordre complet
Masse de construction
Epure et dessin coté pour colonne et pilastre
3 Modules

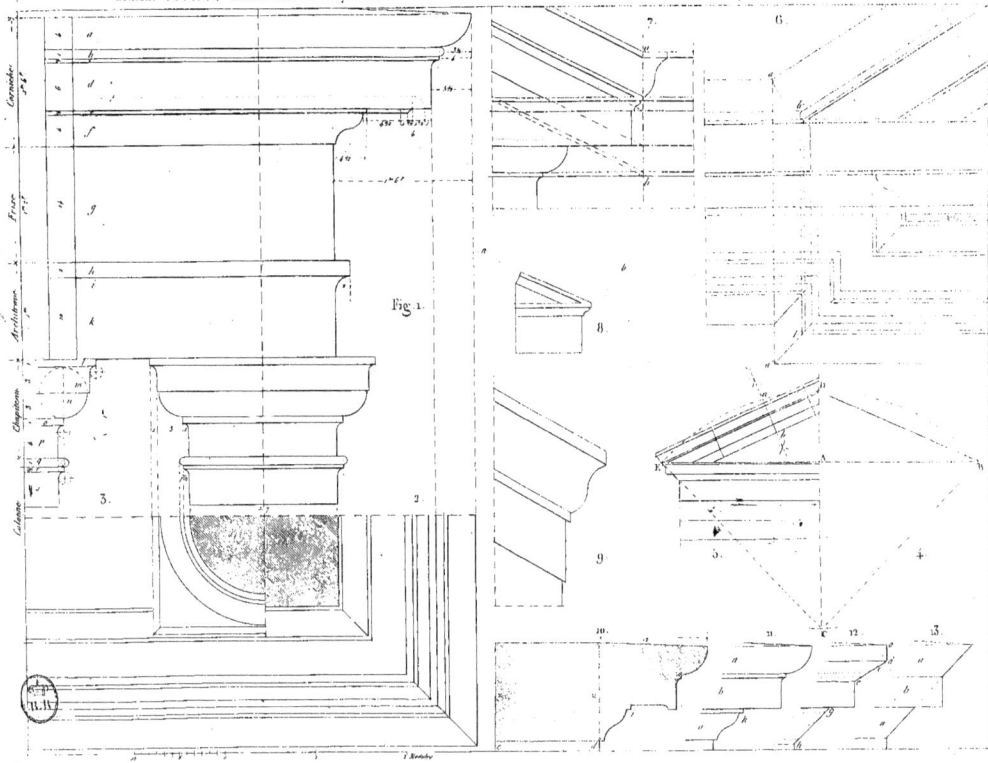

Fig. 1.

Fig. 5.

Fig. 4.

Fig. 3.

Fig. 2.

Fig. 1.

E modules.

ORDRE TOSCAN. PORTIQUE SANS PIÉDESTAL POUR COLONNES ET PILASTRES.

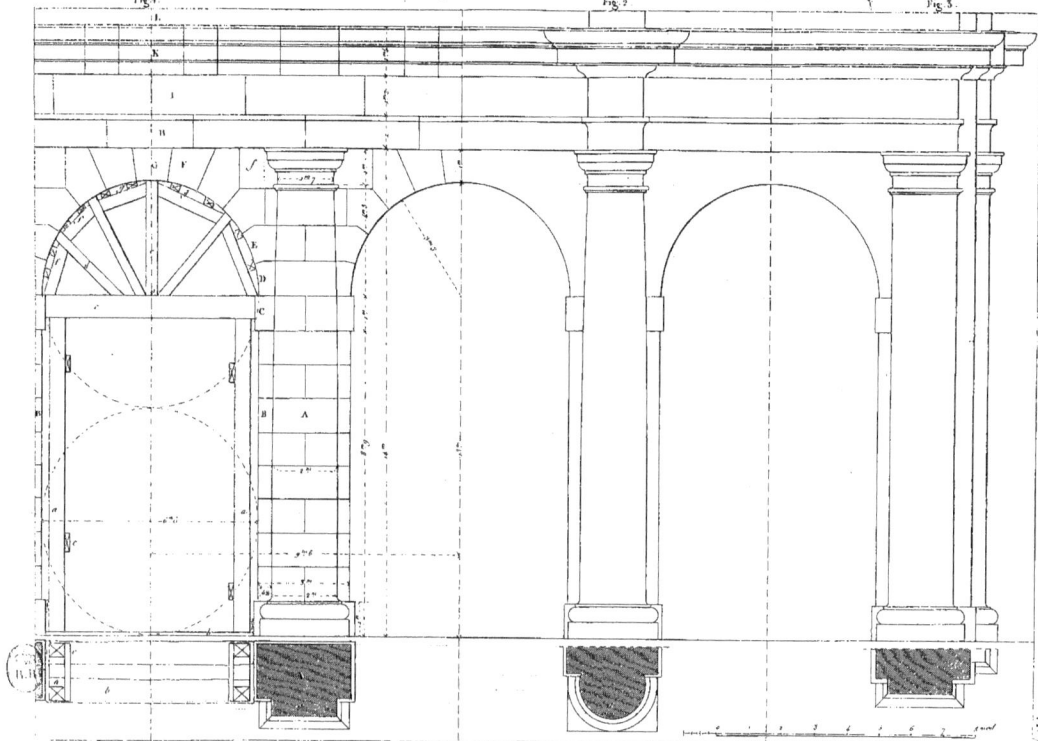

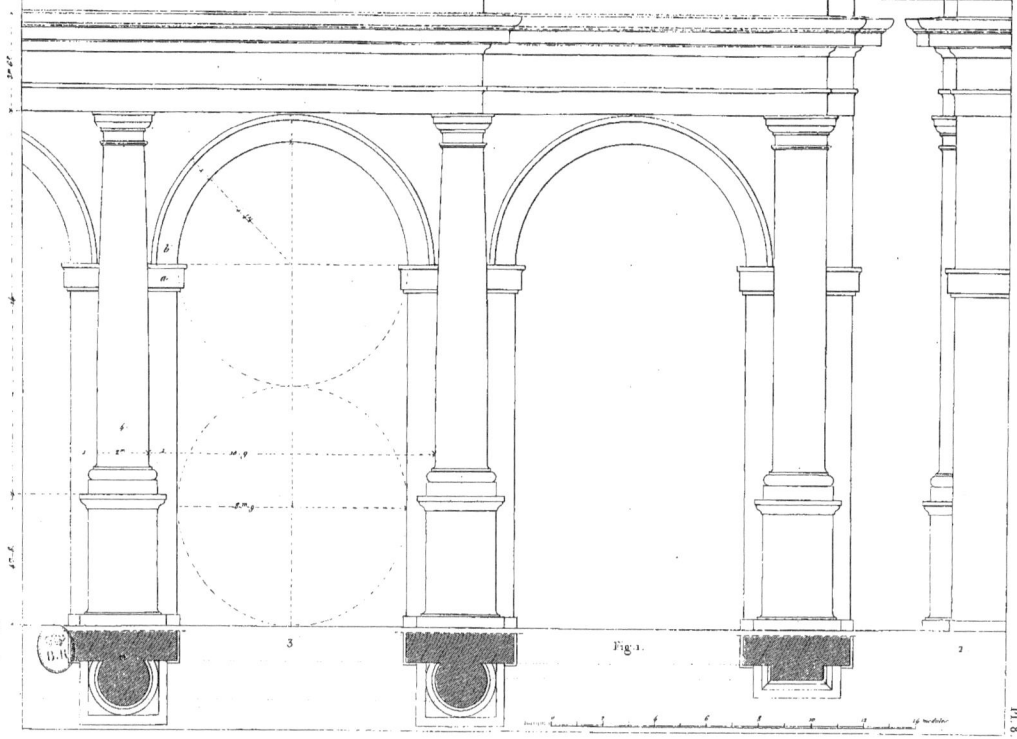

3   Fig. 1.   2

Pl. 8.

Fig. 1.

2

3

7

6

5

4

de Vignole

Romain

Grec

Pilastre

Profil de la base et du Piédestal

Piédestal et base de la colonne

Pl. 10.

Fig. 1.

Mutulaire

Denticulaire

Pl. 11.

Pl. 12.

a.

b.

c.

modules.

Imposte.

3. 2. Fig. 1.

Pl. 47.

Portique Dorique avec piédestal, attique, fronton, profils d'angle et études du tracé

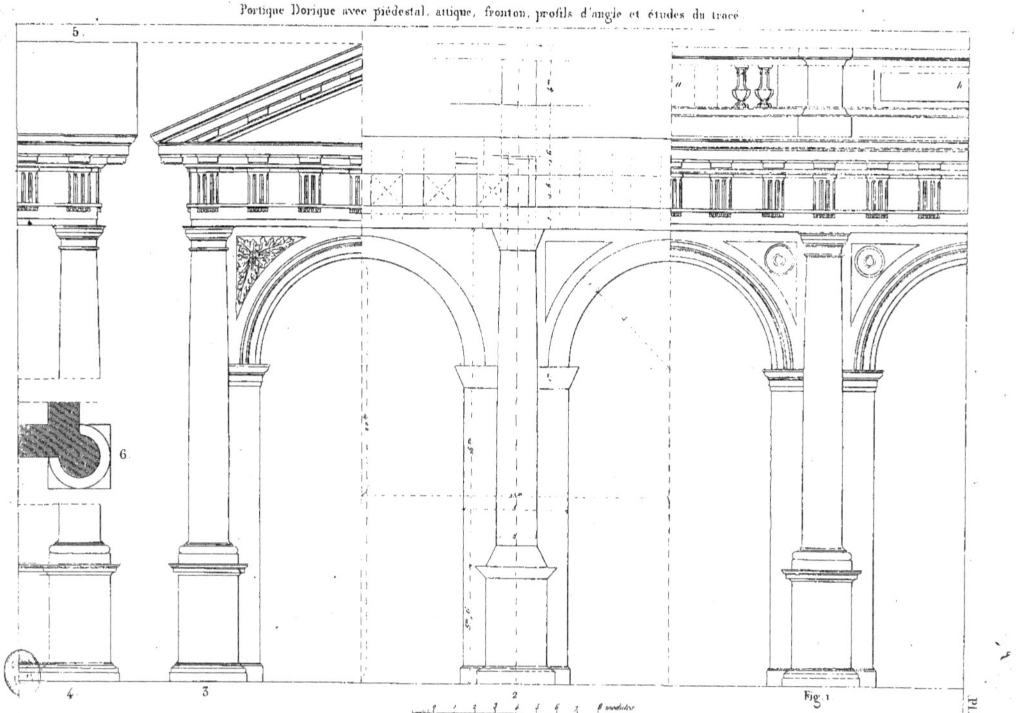

5.

6.

4   3   2   Fig. 1

Pl. 14

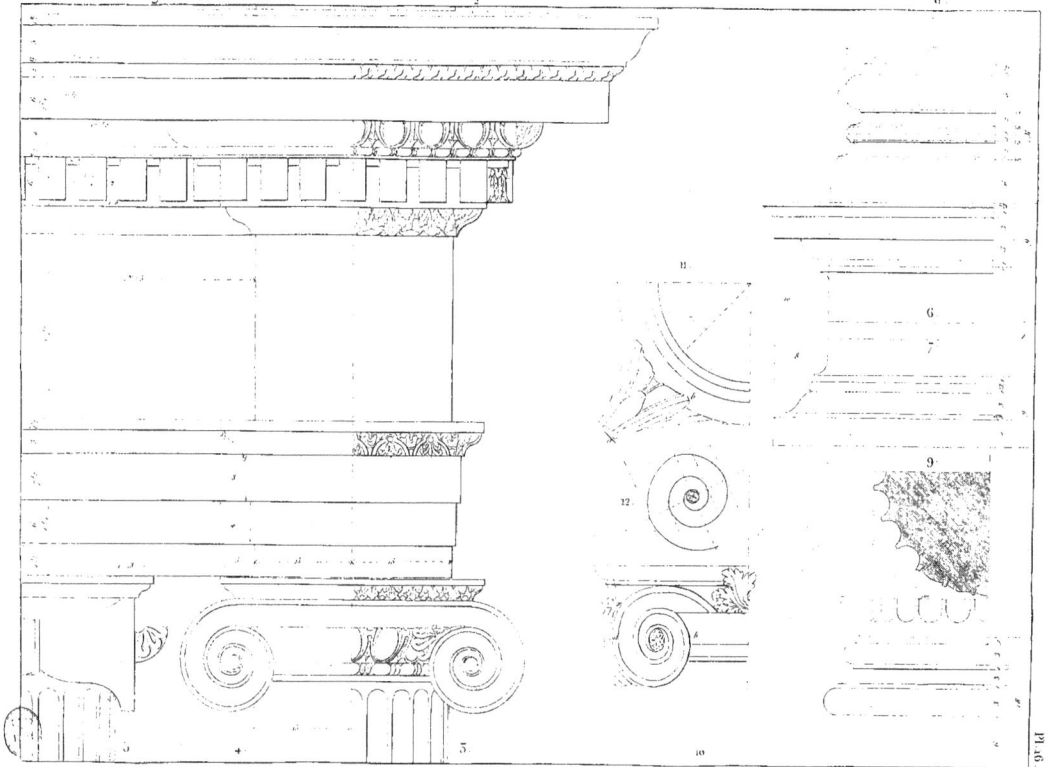

Pl. 6.

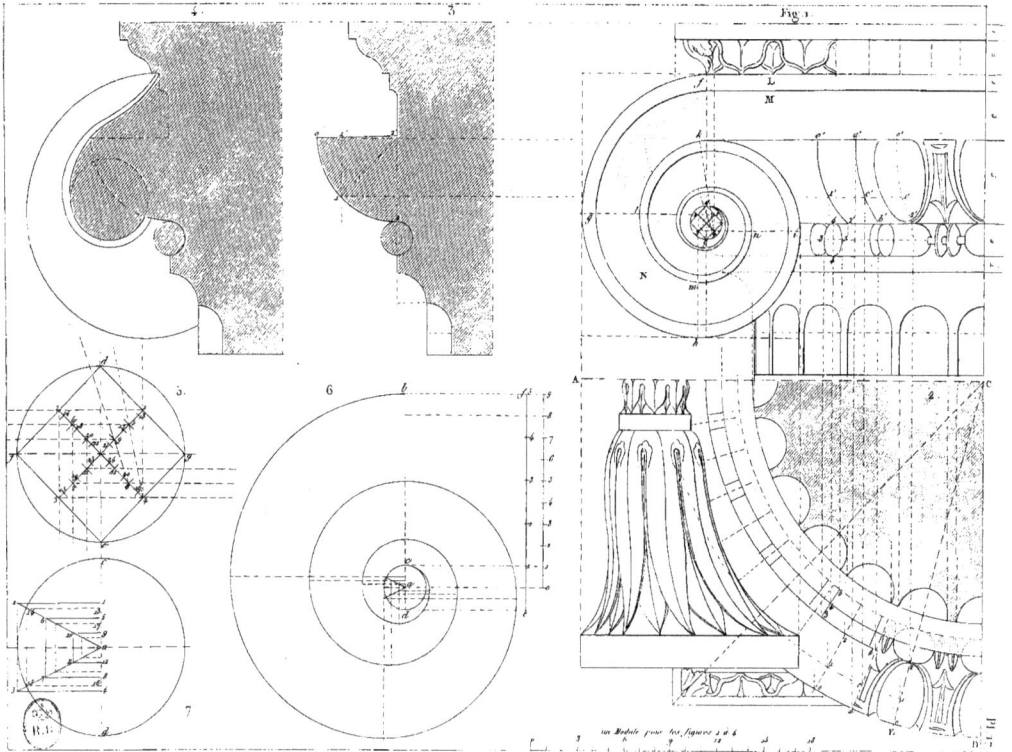

ORDRE CORINTHIEN. Diverses applications d'Entre-colonnements et de Portiques.

Pl. 19

Fig. 1.   2.   3.   4.

5.   6.   7.   8.

Pl. 20

Entablement

Base et Piédestal

Base de Vignole

dessous de la Corniche.

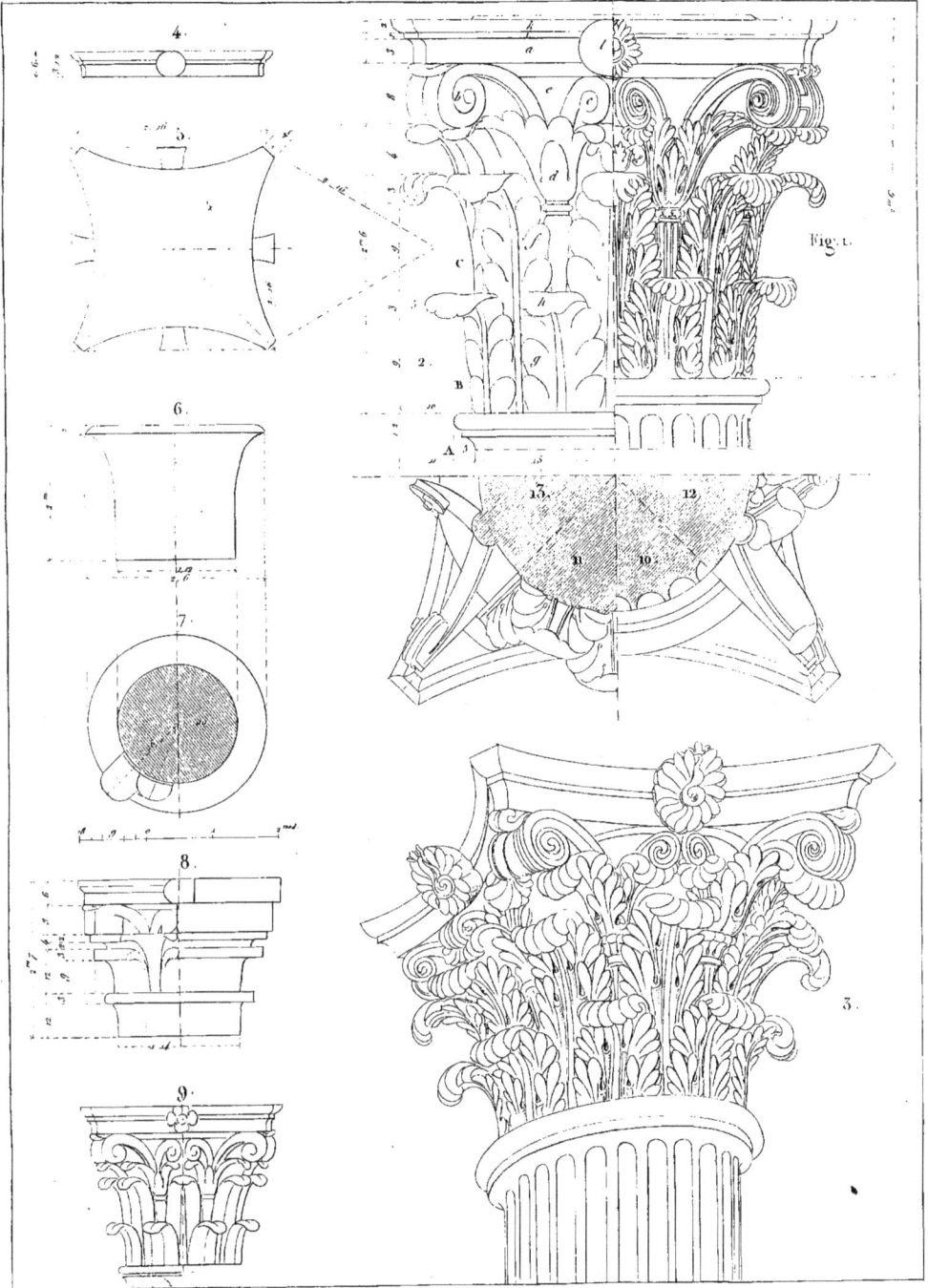

Fig. 1.

Fig.1

3

4

2

Fig. 1.

A   B

3.   2.

1

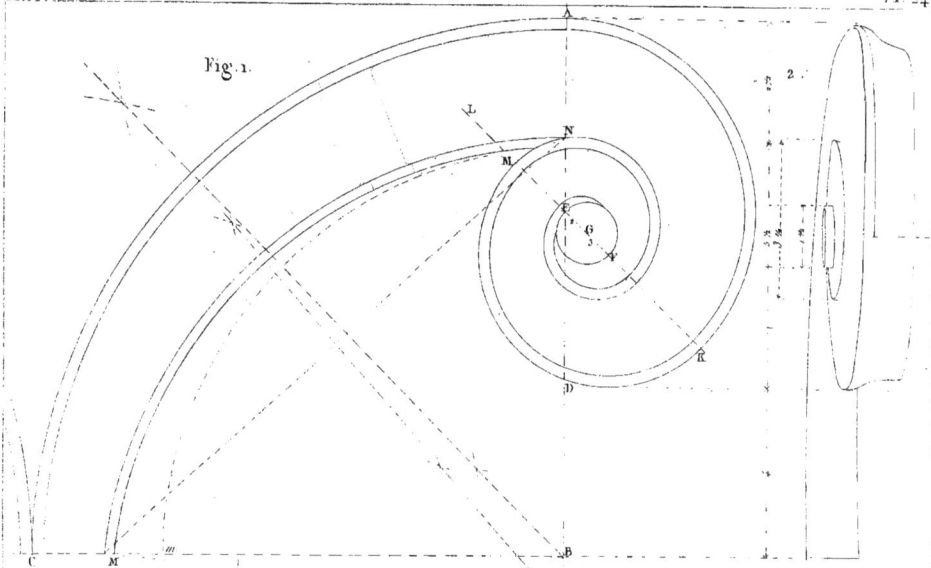

Fig. 1.

2.

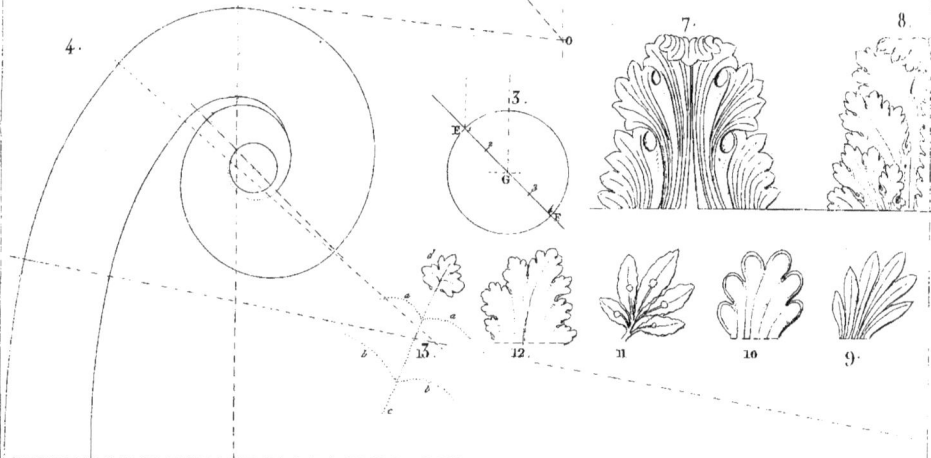

4.

3.

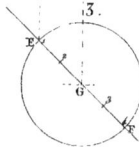

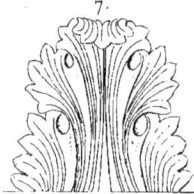

7.

8.

13.

12.

11.

10.

9.

5.

6.

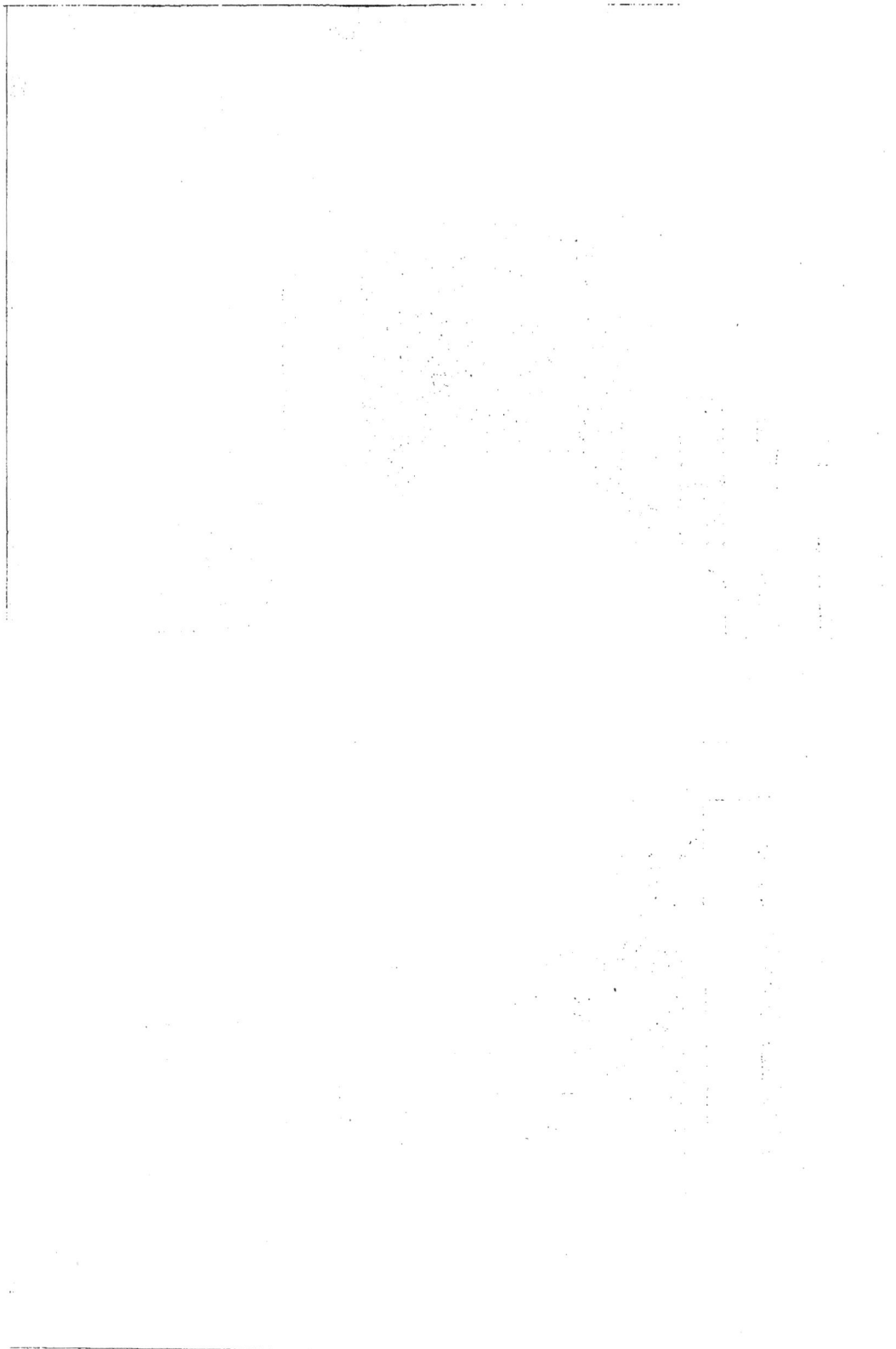

Pl. 25

ENTABLEMENTS DE L'ORDRE COMPOSITE.

Fig. 1.

un module

5.   7.   10.

4.   3.   2.   Fig. 1.

3.

XIMO · TRIB · POT · XVII · IMP · VI · COS V

ECLARANDVM · QVANTAE · ALTITVDIN

S · ET · LOCVS · TANTIS · OPERIBVS · SIT · EGEST

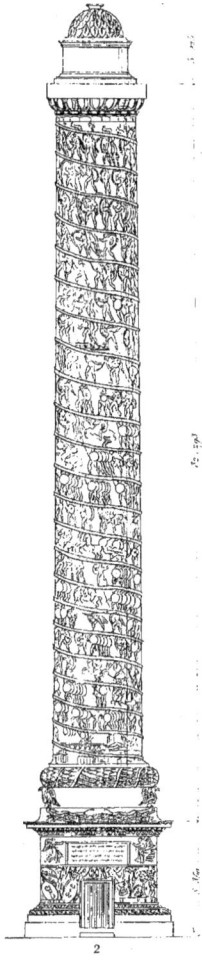

2

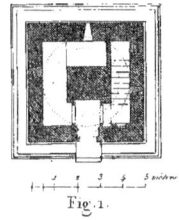

Fig. 1.

Fig. 1.   2.   3.   4.   5.   6.

7.   10.   9.   8.

11.   12.   13.   14.

15.   16.   17.   18.
19.

20.   21.   24.   22.   23.

25.

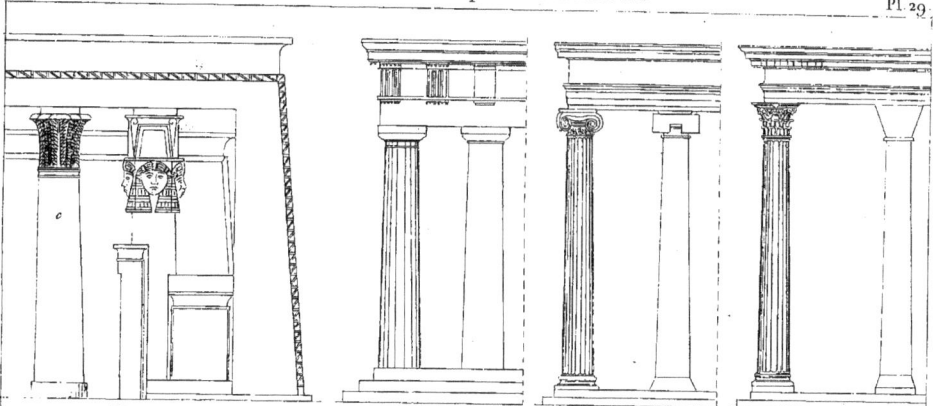

Fig.1.   2.   3.   4.

5.   6.   7.   8.

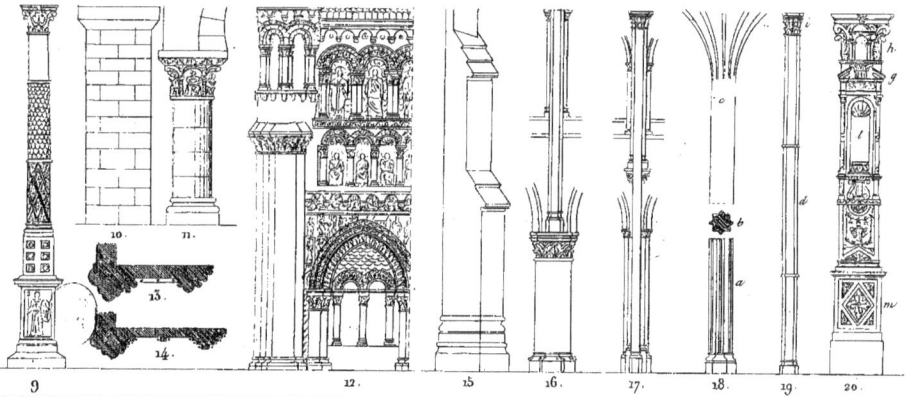

9.   12.   15.   16.   17.   18.   19.   20.

Fig. 1. 2. 3. 4. 5.

6. 22 23 24 25 27 29 8. 9.
26 28 30
31 32 33 34 35 36
7.

10 11 12 13 14 15

16. 17 18 19 20 21.

Fig. 1.

4.

3.

2.

8 et 9.

5.

Suite des détails.

8.   9.   7.   Fig. 1.   2.

11.   10.

3.

4.

5.   6.

Pl. 3.

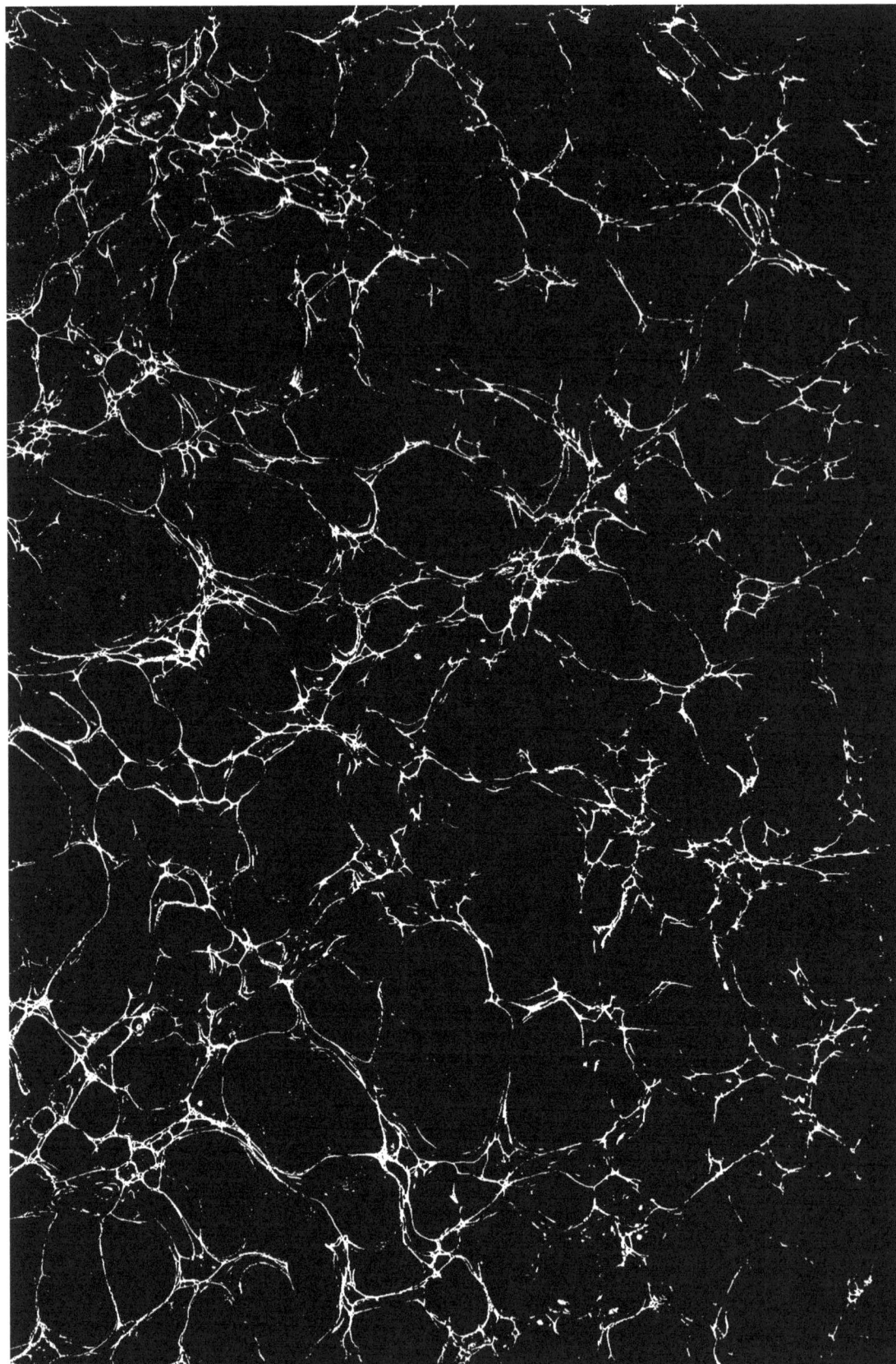

www.ingramcontent.com/pod-product-compliance
Lightning Source LLC
Chambersburg PA
CBHW060631100426
42744CB00008B/1582